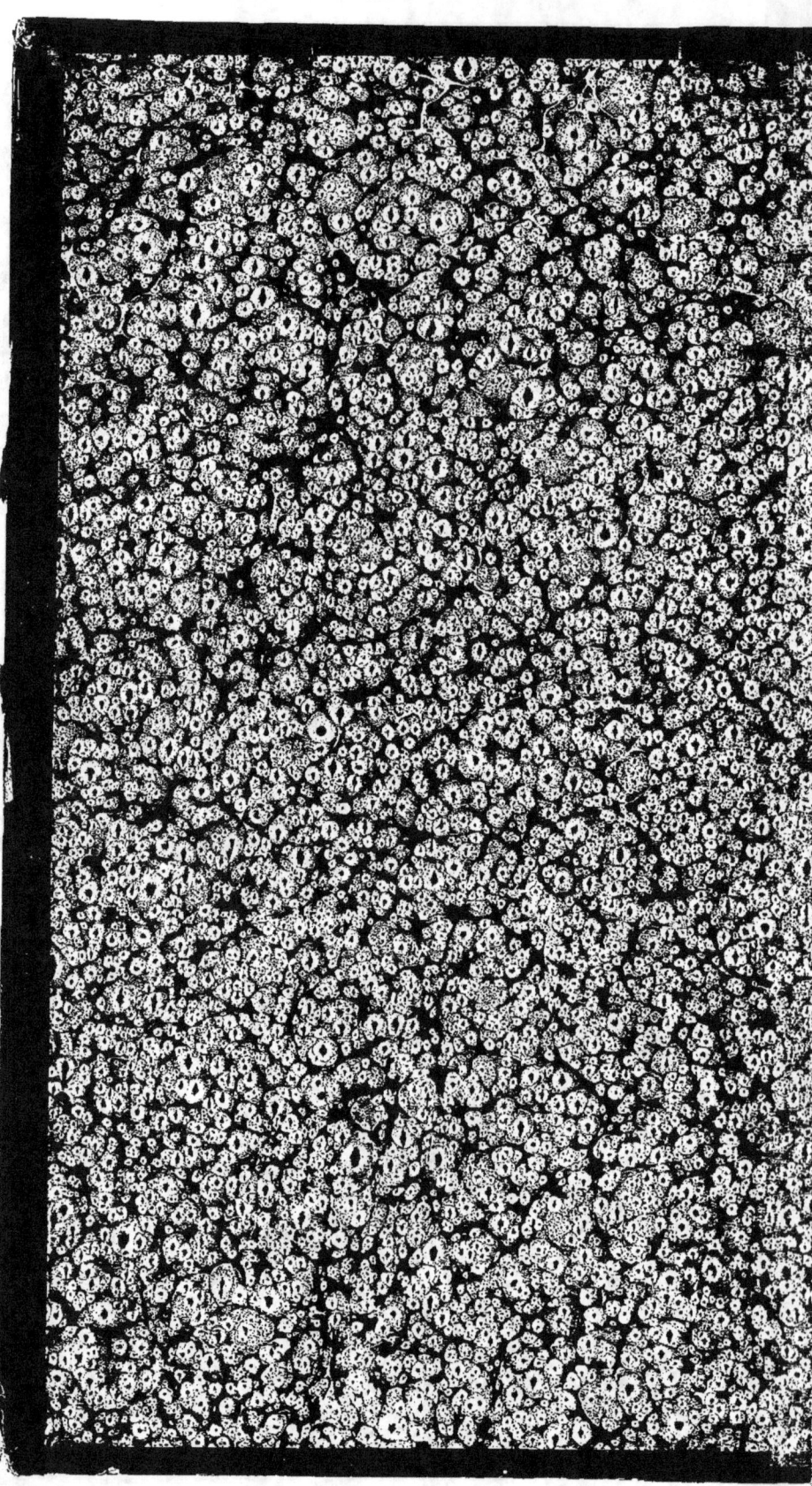

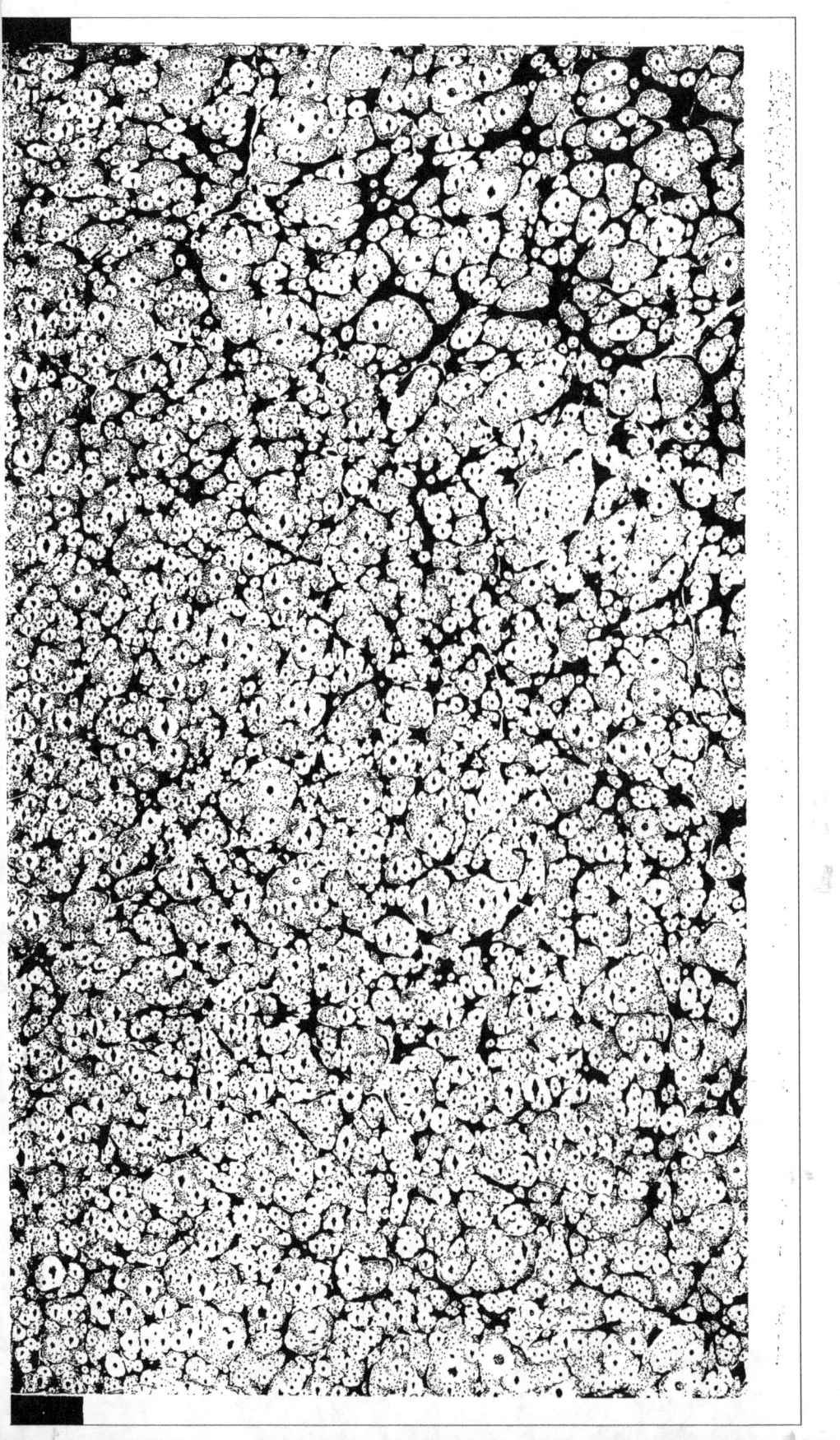

Ouvrages du même Auteur :

VIRGINITÉ,

ROMAN. — 2 vol. in-8.

LA VIE D'ARTISTE,

PREMIÈRE PARTIE. — 2 vol. in-8.

SOUS PRESSE :

HISTOIRE DU RÈGNE DE LOUIS XVIII,

10 volumes in-8.

Le premier volume intitulé *Congrès de Vienne*, et renfermant un exposé de la situation respective des États de l'Europe au mois de mai 1814, sera publié entre la seconde et la troisième livraison du *Testament d'un vieux diplomate*. Par suite de communication particulières et en résultat de documents inédits, cet exposé présentera dans l'ordre le plus complet le caractère des négociations, le détail des circonstances et la physionomie des personnages qui entrent dans le tableau du grand contrat sur lequel sont encore fixées les bases de notre établissement politique.

Pour paraître au 15 novembre prochain :

LA VIE D'ARTISTE

DERNIÈRE PARTIE. — 2 vol. in-8.

Dans la première partie, l'auteur, fidèle à son plan, ne s'est pas uniquement proposé une composition humoristique, une sorte d'Odyssée intime et sentimentale où les événements sont ramenés à la mesure du livre et contenus dans l'horizon de l'écrivain. Mieux inspiré, M. DELRIEU a fait d'une autobiographie originale le miroir qui réfléchit tous les accidents propres à une catégorie d'existences placée par la civilisation en dehors de la loi commune. Telle sera encore la dernière partie de *la vie d'artiste*, suite indispensable de la première où le récit est suspendu, où le problème attend une solution.

Corbeil imprimerie de CRÉTÉ.

TESTAMENT

D'UN

VIEUX DIPLOMATE.

TESTAMENT

D'UN

VIEUX DIPLOMATE

PAR

André DELRIEU,

AUTEUR DE LA VIE D'ARTISTE.

I

PARIS,

LIBRAIRIE DE BAUDRY, ÉDITEUR

des Trois Mousquetaires et de Vingt Ans après, par A. Dumas.

34, rue Coquillière.   1846   Chaussée-d'Antin, 22.

> Au nom de l'argent, du plaisir et
> de la vanité : ainsi sera-t-il
> toujours !

Sur le point de me retirer, je ne dis pas pour le moment en paradis, mais dans une maison de santé de la rue de Chaillot, il me vient l'idée de rendre un dernier service à ma patrie : c'est de lui avouer *in extremis* à quel point furent timides, réfléchis, intéressés même ceux que naguère j'étais censé lui rendre.

Il n'y a pas de mérite dans ma franchise; d'abord elle est tardive : les récriminations ne me feraient pas aujourd'hui manquer ma carrière. Ensuite j'ai un tel mépris pour les hommes que ce cas de conscience est encore une épigramme dont la génération actuelle, en supposant que mon testament soit lu, payera largement les frais. Rien de plus cruel en effet que le persifflage involontaire qui parfois enveloppe la réparation d'un tort. Si vous publiez cette amende honorable, mon cher enfant, peu de gens me croiront sincère, tandis que beaucoup me jugeront ingrat. Au demeurant, je n'ai ni sympathies, ni haines, ni opinions, ni principes. Je suis concitoyen de l'univers.

Ce n'était pas trop de toute l'élasticité d'un pareil caractère pour vivre au courant du secret historique de la Restauration. L'ancien régime et les idées nouvelles, remis en présence après vingt-cinq ans d'épreuve, se prirent corps à corps avec une sorte de rage qui n'est pas épuisée. Je suppose que l'aristocratie de fortune recevra tot ou tard une leçon plus vive que ne fut celle de la révolution de 89 pour l'aristocratie de naissance. Entre les débris de l'une et les abus de l'autre, la Restauration servit comme d'étape. J'ai vu la première crise ; vous verrez la seconde.

Mais cela tient beaucoup à ce que 89 n'a pas été ce qu'il devait être, moins un bouleversement qu'une réforme. Si l'Assemblée constituante fit table rase d'un ordre social tout entier, il faut regarder cette précipitation comme l'effet d'un cauchemar généreux. Ce n'est pas en coupant un arbre au niveau du sol qu'on le taille. Luther se fût bien gardé de supprimer le christianisme. En politique, nos pères ont été plus loin que l'adversaire du pape en hérésie. Une destruction générale a produit des ruines embarrassantes, et si les contemporains ont tant de peine à refaire, c'est que jadis nous avons trop défait.

Dans les relations diplomatiques de la France, mieux peut-être que dans ses affaires intérieures, se trahit depuis un demi-siècle cet équilibre forcément cherché sur la lame d'un rasoir. Nous avons placé les différents États du continent de l'Europe dans la singulière alternative ou d'accomplir une révolution telle que la nôtre, ou d'être regardés par la France comme les ennemis du progrès. Cela est absurde.

La fortune politique d'un peuple dépend d'une foule de circonstances qu'il n'appartient de faire éclore ni à ses voisins, ni à ses rivaux. Voyez Naples ! Voyez l'Espagne, la Pologne, la Grèce, l'Irlande, la Belgique même ! Est-ce que vous croyez bonnement que ces diverses nationalités, si belles dans l'insurrection, seraient mûres pour l'indépendance? qu'y a-t-il de commun, je vous le demande, entre un pays réellement libre et la situation de la Belgique ou de la Grèce ? il faut se taire de l'Espagne : mon argumentation serait ici trop victorieuse. Les idées françaises ressemblent à un chapelier qui n'aurait qu'une seule mesure pour tous ses chapeaux et voudrait néanmoins coiffer tout le monde.

Mais, un instant ! on dirait que je me passionne. Vous me faites sortir de mon caractère, mon ami, et je serai peut-être malade ce soir. Contons plutôt ; il y a moins de danger.

Si les idées de la France ont été parfois déraisonnablement conquérantes, la diplomatie en revanche gagne de jour en jour à cette erreur une position exceptionnelle. Pour jouir du spectacle de l'histoire contemporaine, nous possédons une lorgnette toute particulière dont 89 est le verre grossissant ; c'est par nos yeux seuls qu'un philosophe observera comment existent relativement à la France les peuples qui ne sont pas libres suivant notre manière. Pris à l'horizon allemand, russe, britannique ou italien, ce point de vue serait impossible : la révolution n'a créé pour l'Europe que deux façons d'être, comme les autres ou comme nous. Je ne sache pas au contraire de résultat plus net à cette révolution que la facilité de juger nos rivaux ou nos voisins mieux qu'ils ne sauraient nous juger nous-mêmes.

D'ailleurs les événements de la Restauration en 1814 et en 1815 ont principalement trouvé dans les diplomaties des spectateurs aussi bien placés pour voir que bien instruits pour dire. L'école des chancelleries de ce temps-là se rattachait à la légèreté des mœurs de l'ancien régime, aux formes expéditives de la Convention, du Directoire et même du Consulat, à l'obéissance absolue dont l'Empire imposait la règle, à la science des affaires que répandait si vite le changement si prompt des contrats politiques : toutes circonstances inséparables de l'art de bien connaître et de bien exploiter les hommes. On avait une soif de l'or inextinguible, on cherchait le plaisir au sein de la mort même ; les femmes enfin exerçaient un pouvoir énorme, et jamais l'amour des distinctions sociales n'avait été si violent. Le roman de l'Europe moderne était parvenu à la complication la plus dramatique, et en vérité c'est dans nos portefeuilles seulement qu'on pourra désormais le lire.

Essayez ! je vous promets de la bonhomie, quelques défauts de mémoire, beaucoup d'anecdotes, un peu de gaieté, mais pas le moindre enthousiasme. Si des personnages considérables, tels que M. Decazes, M. Pasquier, M. de Martignac, sont représentés sous l'empire des passions du moment, ce n'est pas que je méconnaisse les difficultés de leur position ou le caractère de leurs services ; c'est au contraire pour montrer combien souvent dans le même homme l'esprit de parti obscurcit les facultés les plus rares tout en ne gênant pas leur emploi. M. de Gentz s'est éteint aux pieds de Fanny Essler ; il est probable que je m'éteindrai dans les bras de M. Civiale : ce qui n'est pas tout à fait la même chose. Il n'y a donc pas de temps à perdre. Je souhaite que le codicille de ma vie serve de catéchisme à la vôtre. Que les femmes soient avec vous !

LE VICOMTE DE ***

I

L'ENTRÉE.

Je n'ai plus, mon cher enfant, que la peau sur les os; je suis goutteux, catarrheux, frileux, quinteux; il ne me reste pas un atôme de principe ni l'ombre d'une idée; je donnerais toutes les convictions possibles, toutes les dynasties imaginables, pour un peu d'appétit. Eh bien, malgré cette décrépitude de ma personne entière, à l'instant où je vous parle, rien qu'au souvenir du 31 mars 1814, ma main frémit, ma tête s'exalte, j'étends le bras pour saisir ma canne, et je crois même, Dieu me pardonne ! que mes yeux vont pleurer.

Il faisait un de ces jours au ciel plombé comme vous en voyez trop souvent encore en pleine paix, dans l'automne et au printemps ; l'entrée des faubourgs, sur le boulevard, à chaque rue principale, était encombrée par de pauvres familles de la banlieue qui campaient le long des boutiques, au coin des bornes et sous l'auvent des portes cochères, avec leurs bestiaux, leur vaisselle et leurs outils de jardinage et de labour. Cette retraite n'avait pas eu lieu sans un nouveau et singulier désastre : malgré les prières du maréchal Moncey et du commandant de la garde nationale Tourton, les employés de l'octroi avaient exigé que ces malheureux payassent le droit d'entrée pour leurs vaches. Chacune de ces familles, dont la chaumière brûlait dans la plaine, gardait avec vigilance d'énormes pains noirs qui étaient toute leur fortune, qu'elles avaient cuits presque sous le canon, et qu'elles se partageaient, avec une sombre économie, aux regards des habitants de Paris, que le spectacle de tant de misère commençait à faire trembler sérieusement pour la ville même.

On se racontait les choses les plus sinistres et les plus plaisantes. La gaité française ne perd jamais ses droits. Les femmes épouvantées s'abordaient en disant : « Où avez-vous mis vos bijoux ? » Quelques-unes avaient enfoui des pendules, en oubliant, dans leur terreur panique, d'arrêter les aiguilles; l'heure sonnait tout à coup dans la cachette, et comme plusieurs horloges se trouvaient réunies dans un même trou, il résultait de leur musique effrayante que rien n'était moins caché. En dépit de la situation, les plus mauvais calembours circulaient avec faveur. On assurait que si Mâcon avait rendu les armes au 9 février, c'est que les assiégés ne possédaient que des *pièces de vingt;* on répétait même en souriant que les souverains entreraient par la barrière du Trône, que l'empereur Napoléon sortirait par la barrière d'Enfer, l'impératrice par celle des Vertus, les sénateurs par les Bons-Hommes, les conseillers d'État par Bicêtre, et le corps législatif par Pantin. On répandait enfin déjà, mais clandestinement, une caricature qui représentait une voiture armoriée où Alexandre était assis sur le siége du cocher, le duc de Wellington conduisait en postillon, le roi de Prusse était grimpé derrière en chasseur, tandis que l'empereur d'Autriche était seul dans l'intérieur; Napoléon, à pied, tête nue, sans épée, sans épaulettes et sans décorations, s'accrochait à la portière, et disait à François : — Beau-père, ils m'ont mis dehors. — Et moi dedans.

Un bruit absurde ballottait encore cette multitude qui refluait des quartiers du midi vers les boulevards. Le grand duc Constantin, murmurait-on, avait juré de chauffer ses troupes aux flammes de Paris. Dès la veille au soir, le 30 mars, à la vue des obuses que Blücher lançait de Montmartre, les maîtresses de pension avaient revêtu d'habits d'hommes leurs jeunes filles et emporté jusque dans le fond du Marais ces brebis déguisées. Des charrettes de blessés qu'on ramenait des buttes Saint-Chaumont et de Belleville, traversaient, par intervalles, ces propos terribles, ces émigrations d'enfants, cette cohue de laitières, de blanchisseuses et de nourrices accroupies sur le pavé. Des partis de cosaques avaient pénétré par les avenues extérieures; on les apercevait de distance en distance, avec leurs fouets de cordes et leur lances démesurées, se mêlant aux gardes nationaux avec l'autorisation du préfet de police, et réglant la circulation des fiacres comme de bons gendarmes. Les boursiers d'ailleurs, pleins d'anxiété, se tenaient comme aujourd'hui debout sur le perron de Tortoni.

Il n'y avait point d'affaires ce jour-là, mais en revanche, pour ne pas perdre l'habitude des chiffres, au lieu du cinq pour cent, on calculait des probabilités, on cotait le hasard. Les scènes qui se passaient alors sur le perron de Tortoni furent peut-être les plus étranges de ce drame sans nom. Si des esprits fermes et étendus, instruits des possibilités de la vie, montrent souvent plus de crédulité que les caractères faibles et médiocres, c'est qu'à une idée plus haute de la puissance de la nature ils joignent une sorte de divination de l'avenir qui n'est autre chose que du bon sens; tandis que les personnes vulgaires, ne voulant rien admettre au-delà des limites de leur entendement, se sauvent du travail de concevoir et de la fatigue d'expliquer par un scepticisme opiniâtre, comme ce personnage de comédie qui s'esquivait par la tangente. Sous tous les rapports, quoi de plus positif et de plus incrédule qu'un boursier ?

Madame Campan et M. Fiévée, dont l'expérience froide et la raison calme jouissaient dans le public d'une haute estime, n'avaient pas dédaigné de soumettre gravement, l'une à la reine Hortense, l'autre à Napoléon, des calculs superstitieux qui mettaient la durée de l'empire à la merci d'un chiffre. En effet, 1813, l'année fatale, renfermait dans son chiffre le nombre 13, assez fatal par lui-même, cette année commença et finit par un vendredi; elle offrit d'ailleurs treize lunes; les chiffres de 1813, additionnés, donnent encore le nombre 13; la retraite de Moscou s'effectua dans la treizième année, à partir du consulat, et enfin 1813 répondait à 1793. Ces calculs étaient incontestables. Pour la première fois aussi bon mathématicien que gobe-mouche romanesque, le boursier de Tortoni opérait des soustractions à la Providence, et tirait à perte de vue le quotient de la catastrophe.

A neuf heures, quelques royalistes se réunirent à cheval sur la place de la Concorde. Le lieu du rendez-vous, historiquement parlant, pouvait être mieux choisi ; mais il fallait se tenir près du foyer des nouvelles, et les tapissiers achevaient d'installer, dans la rue-Saint-Florentin, les salons offerts à l'empereur Alexandre par M. de Talleyrand. On savait que madame Aimée de Coigny avait mis à Londres, aux pieds de Louis XVIII, par l'intermédiaire du vieux duc de Coigny, le dévouement de M. de Talleyrand, ou plutôt du *Diable boiteux*, comme disait spirituellement M. de Gentz. Louis XVIII avait répondu à madame Aimée :

— Qu'il agisse d'abord ; nous verrons ensuite.

Paroles qui n'engageaient à rien ; mais le *diable boiteux* était plus adroit que Louis XVIII. Afin de se faire un paravent contre les retours de son nouveau maître, le prince de Talleyrand s'était entendu avec M. de Nesselrode pour que l'empereur Alexandre descendît chez lui. D'ailleurs M. de Nesselrode lui-même, cet homme d'affaires aux énormes lunettes bleues, était depuis le 30 au soir confiné dans le cabinet de M. de Talleyrand, et les royalistes, qui apercevaient de la place les bougies brûlant encore derrière les vitres de la fenêtre, où elles annonçaient le travail opiniâtre de la nuit, se concertaient là-bas, au fur et à mesure de leur arrivée, avec des espérances assez bien fondées, pour une démonstration bourbonnienne.

Le premier qui arbora un mouchoir blanc, au bout d'un bâton, fut M. de Vauvineux. Le premier, à l'entrée de la rue de Rivoli, il cria d'une voix ferme : Vive le roi !

Personne ne répondit. La proclamation du prince de Schwartzemberg, rédigée par M. de Talleyrand et affichée dès le matin sur les murs de Paris, ne disait pas un mot des Bourbons ni du roi. Vingt-trois années des plus remplies et des plus bruyantes de notre histoire nationale avaient passé sur cette famille et sur ce titre.

Pour les uns, un laps de temps si considérable était l'oubli; pour les autres, Bourbons et rois n'existaient plus. Il y avait assurément un grand courage dans M. de Vauvineux à réveiller des souvenirs éteints dans le public, séditieux pour la police de l'empire.

Quant à M. de Talleyrand, il sentait bien ce qu'avait d'incertain cette démonstration bourbonnienne; il attendait le résultat, dans son hôtel, au milieu des conversations les plus étourdissantes et les plus diverses. Toutes les opinions se pressaient autour de son fauteuil : il les bernait toutes l'une par l'autre.

— Tranquillisez-vous, préfet de la Seine, disait-il en souriant à M. de Chabrol; nous ferons comme Charles VII, nous irons promulguer nos décrets sur la Loire. C'est à vous de nous trouver une Jeanne-d'Arc parmi les femmes de Paris.

— Mais cet homme est un tyran! s'écriaient les membres républicains du corps législatif.

— A qui le dites-vous ! un peu de patience, messieurs. Je reprendrai le bonnet rouge, Chut !

— Ce qu'il faut à la France, murmurait gravement M. Raynouard, l'auteur des *Templiers,* c'est l'équilibre des trois pouvoirs, la triplicité dans l'unité, la constitution anglaise.

— Taisez-vous donc, poëte ! lui soufflait à l'oreille M. de Talleyrand ; nous aurons cela plus tard, avec le duc d'Orléans.

— Que faites-vous alors de M. de Lafayette ? disaient de vieux tribuns en voyant par les croisées le linge blanc de M. de Vauvineux.

— Citoyens, le trône sera populaire et accompagné d'institutions raisonnablement démocratiques.

— Enfin, exclamait l'abbé de Pradt dans un vrai délire, vous nous rendrez l'oriflamme et les lys !

— Oui, monsieur l'archevêque, et même, si cela peut vous faire plaisir, le panache de Henri IV.

Il était impossible de répondre mieux à tous les vents. Mais la bonne volonté secrète de M. de Talleyrand, à l'égard d'une restauration de la branche aînée, ne donnait pas cependant au groupe des royalistes à cheval sur la place une acclamation ni un mouchoir de plus.

A la fin, MM. Thibaut de Montmorency, Gustave d'Hautefort, du Theil, de Crisnoy et de Choiseul attachèrent des cocardes blanches à leurs chapeaux pour se faire mieux comprendre, et s'avancèrent hardiment dans la rue Royale. C'était d'autant plus téméraire que M. de Fitz-James, capitaine dans la garde nationale, en avait proposé le matin aux chasseurs de sa compagnie dont le refus avait été unanime. M. de Montmorency allait devant; il agitait un drapeau improvisé dans le genre du mouchoir de M. de Vauvineux, tout à fait encore sans prétention. Il s'adressait au peuple avec chaleur; ses amis criaient derrière lui :

— Vengeons la mort du duc d'Enghien !

— Rallions-nous aux Bourbons!

Dans la foule, sur le trottoir, on répondait :

— Qu'est-ce que cela me fait?

— Les Bourbons? connais pas!

Depuis la Madelaine jusqu'au boulevard des Italiens, ce cortége ne se grossit que de MM. de la Ferté-Meun, de Mouchy, de Fitz-James, Adolphe de Las Cases, Florian de Kergorlay, d'Adhémar et Louis de Châteaubriand. Mais sur le boulevard des Italiens, on rencontra MM. Dubois de Lamotte, de Malartic, de Béthisy, de Pimodan et de Mazancourt. Ces messieurs parcouraient à cheval l'espace qui sépare le café Hardy et la rue de Choiseul, et essayaient de démontrer aux gens de la Bourse les avantages financiers d'une restauration de la famille des Bourbons. Ce genre d'éloquence ne manquait pas d'à-propos : les fonds publics étaient à 45!

Plus loin, à la Porte-Saint-Denis, s'était formé un rassemblement où d'autres royalistes lisaient aux ouvriers du faubourg des proclamations qui leur expliquaient la légitimité. Boileau disait, du temps de Louis XIV : « Il y a deux galimatias : le simple, celui où l'auteur s'entend, lorsque le public ne peut le comprendre, et le double, lorsque l'auteur, sans être entendu, ne se comprend pas lui-même. » Les ouvriers et les distributeurs de proclamations en étaient au galimatias double, quand la tête de l'armée russe parut. Il était midi.

Quel moment ! On aurait entendu une mouche voler. J'avais obtenu d'un chapelier qui coiffait presque toute la diplomatie de ce temps-là, sur le boulevard Bonne-Nouvelle, une petite place à la fenêtre de la chambre de sa femme, et, à travers mon lorgnon, je ne considérais pas sans une émotion profonde les figures des curieux pressés sur la contre-allée vis-à-vis de moi, au-delà de la chaussée que des mains singulièrement patriotes avaient jonchée de feuillages. Le pas des chevaux de l'Ukraine, en foulant cette verdure, résonnait seul au milieu du silence.

Dans les petites rues affluentes au boulevard étaient juchées sur les banquettes et même sur l'impériale de leurs voitures beaucoup de femmes riches, à peu près frappées de folie, et qui, oubliant leurs époux, leurs frères ou leurs fils morts sous la baïonnette russe, interrompaient parfois l'attention morne du public en envoyant des cris de joie, des bouquets de fête, et aussi des baisers à la colonne ennemie.

Un corps nombreux de trompettes ouvrait la marche. Elle entrait enfin, cette avant-garde de quarante mille hommes, arrêtée tout un jour sous les murs de Paris, par de jeunes troupes sans munitions et des étudiants sans armes, précédée d'un groupe d'enthousiastes qui semblaient l'introduire moralement dans la cité. Les Prussiens, les Autrichiens et les Russes avaient été jadis réduits aux plus dures extrémités par la France; ils s'étaient fait la guerre entre eux pour lui obéir; on les avait vus divisés à sa voix, ensuite réunis sous ses drapeaux; ils avaient acheté sa protection par le mariage de Marie-Louise ; — maintenant, ils étaient dans Paris, et tout le monde se taisait au bruit de leurs chevaux.

C'était comme une implacable et sombre marée d'uniformes verts et de plumets éclatants dont les dernières vagues submergeaient encore la barrière de la Villette, quand son flot montant et toujours grossi battait déjà les marronniers des Tuileries et la grille des Invalides.

Les enfants grimpés sur les bornes et sur les arbres du boulevard regardaient d'un œil triste cette immense parade. Quant aux hommes des faubourgs, on les voyait se parler bas avec un sourire amer et en haussant les épaules. Partout dans les quartiers Saint-Denis et Saint-Martin, dans le vrai peuple, on remarquait un sentiment indicible de consternation passive et lugubre. Mais à mesure que la colonne se déroulait vers la Madeleine, la physionomie de cet accueil changeait avec les mœurs de la population. Le délire de certaines femmes croissait avec l'aristocratie des quartiers. Rue Montmartre, elles jetaient des fleurs; aux bains Chinois, elles descendaient de leurs voitures, elles voulaient passer entre les escadrons, elles serraient la main des cosaques.

Mon domestique m'attendait le long du mur de l'église de Bonne-Nouvelle avec deux chevaux. Je ratrappai le cortège au passage des Panoramas, pour ne rien perdre du coup d'œil de la fête; un diplomate appartient à toutes les opinions militantes. A ce moment de la procession, il y avait de belles études politiques à faire. Les divisions d'infanterie russe et de cavalerie prussienne de l'avant-garde ennemie portaient en signe d'amitié, sur l'ordre de l'empereur Alexandre, des écharpes blanches au bras gauche et des rameaux verts à leurs schakos. Cette toilette pacifique, aussi imprévue que sentimentale, et dont on a dit que c'était uniquement un signe de reconnaissance entre les troupes combinées, causa un véritable enthousiasme aux abords de la Chaussée-d'Antin, dans la région des gros banquiers, dont elle rassurait les caisses; là, toutes les mains, tous les yeux, toutes les sympathies étaient braqués sur l'empereur Alexandre.

Cet homme, qui fut un moment plus puissant que ne l'avait jamais été Napoléon, *ce Grec du Bas Empire*, comme l'appelait Napoléon lui-même, s'avançait triomphalement, monté sur un cheval blanc, vêtu d'un pantalon gris, d'un habit vert et d'un surtout garni de fourrures avec des épaulettes d'or, entre le roi de Prusse et le grand-duc Constantin, suivi de lord Cathcart, l'ambassadeur anglais, du comte Orlof, du prince de Lichtenstein, de M. Pozzo di Borgo, du feld-maréchal Schwartzemberg et d'une foule immense de notabilités diplomatiques ou militaires, que l'intérêt, la vengeance ou la curiosité poussait à jouer un rôle à cette entrée unique dans l'histoire. Le roi de Prusse avait un habit bleu et des épaulettes d'argent. On cherchait vainement à reconnaître si, comme Alexandre l'avait dit à Troyes le 17 mars, les cheveux du Grec avaient effectivement grisonnés dans la retraite fameuse de Nogent, mais la figure de l'empereur de Russie était riante et sereine; la capitulation lui avait rendu la jeunesse et la tranquillité. Il semblait radieux de la dernière victoire qu'il venait de remporter sur son ancien penchant secret pour Napoléon. En sortant de Bondy, où était son quartier-général, pour s'approcher par la route de Pantin de la barrière de la Villette, Alexandre avait rencontré à la hauteur des Prés Saint-Gervais, le duc de Vicence, qui lui apportait la garantie des sacrifices extrêmes faits par l'empereur pour épargner à la capitale de la France l'humiliation de cette entrée.

— Le corps municipal m'a rendu la ville hier

soir, la capitulation a été signée ce matin à deux heures, dit Alexandre avec un mouvement de regret involontaire; vous venez trop tard, monsieur! J'aurai le plaisir de vous revoir chez le prince de Talleyrand.

A ces paroles fatales, le duc de Vicence était parti pour Fontainebleau, et la barrière avait été franchie. Comme la masse des troupes étrangères était considérable, l'infanterie marchait sur trente hommes de front et la cavalerie sur quinze. Le commandant Barclay de Tolly suivait parallèlement, sur les boulevards extérieurs, avec le restant de l'armée russe, la direction de l'entrée de l'avant garde, pour la rejoindre, audelà de la Seine, sur les chemins d'Orléans. Parvenus aux Champs-Élysées, les souverains alliés se placèrent au rond-point, vis-à-vis de l'Allée des Veuves, et c'est alors seulement que le défilé prit son caractère tout à fait victorieux. Les soldats de Berlin et de Moscou, en passant devant Alexandre et

Frédéric-Guillaume, poussaient des acclamations confuses, barbares, où toutes les passions et tous les sentiments les plus nobles comme les plus sauvages, se trouvaient poétiquement mêlés.

Vers deux heures, Alexandre et le roi de Prusse laissèrent le grand duc Constantin achever le défilé, et s'acheminèrent du côté de la rue Saint-Florentin. M. de Talleyrand était à son balcon; il appelait l'empereur de Russie du geste et de la voix; ses regards dévoraient impatiemment la distance; pour la première fois de sa vie, le cœur lui battait dans la poitrine. Quand les souverains alliés et leur brillant état-major, tournant le coin de l'hôtel de la marine, entrèrent enfin dans sa cour, le prince essuya les gouttes de sueur qui tombaient de son front, reprit aussitôt son imperturbable sang-froid de roué politique, et la comédie de la restauration fut à l'instant mise en scène dans son cerveau d'artiste.

Alexandre descendit de cheval entre ces deux lions de pierre qui sont encore couchés au bas du grand escalier de l'hôtel, qui ont vu passer tant d'hommes et tant de régimes sous leur face immuable comme le destin, depuis Napoléon jusqu'à Louis-Philippe, et qui ne sont plus frôlés, dans nos jours de calme ou d'attente, que par les robes de bal de madame de Dino, de la princesse de Lieven et de la comtesse Jaubert. Après l'empereur de Russie, tout le monde mit pied à terre. Le personnel des chancelleries était convoqué par les ambassadeurs des puissances chez M. de Talleyrand. Ma place se trouvait marquée là-haut. Je suivis le torrent.

M. de Talleyrand était venu recevoir les souverains alliés au pallier du rez-de-chaussée.

— Votre majesté, dit l'homme d'état, remporte peut-être en ce moment son plus beau triomphe, elle fait de la maison d'un diplomate le temple de la paix.

— J'en accepte l'augure, répondit Alexandre.

On remonta. Dans les premiers salons se pressait une vraie cohue de gens qui tenaient au passé par leurs souvenirs, au présent par leurs intérêts, et à l'avenir par la crainte de compromettre les uns ou par l'espoir de rajeunir les autres. Un homme modeste, en costume ecclésiastique, à l'air effaré, se tenait au contraire presque enseveli derrière les curieux et les ambitieux. Ce fut lui que le regard de l'empereur de Russie alla troubler dans sa retraite.

— Quel est cet abbé au front doux et triste? demanda sur le champ Alexandre à M. de Talleyrand.

— M. l'abbé Sicard, excellent royaliste, victime de la terreur. Il a inventé les sourds-muets.

L'empereur de Russie, au fond de ses états hyperboréens, avait entendu parler de l'admirable science de l'abbé et se proposait de la naturaliser à Pétersbourg. Il fit quelques pas vers M. Sicard et lui adressa peu de mots, sans doute, mais pleins de politesse : le pauvre abbé, étourdi de cet honneur, fut comme frappé de la foudre et ne répondit rien.

— Comment! reprit Alexandre en se tournant vers M. de Talleyrand, ce serait là cet abbé Sicard auquel on donne tant d'esprit?

— Sire, dit le prince avec aplomb, monsieur a l'esprit de son état : un esprit sourd et muet.

Les deux battants de la porte du grand salon s'ouvrirent avec solennité, et l'on y prit place dans cet ordre : A l'ouest, du côté de la rue Saint Florentin, le roi de Prusse et le prince Schwartzenberg se trouvaient de plus rapprochés du meuble d'ornement qui était au milieu de la pièce. Le duc de Dalberg était à la droite du prince Schwartzenberg ; MM. de Nesselrode, Pozzo di Borgo et le prince de Lichtenstein suivaient. Le prince de Talleyrand était à la gauche du roi de Prusse ; le baron Louis et M. de Pradt étaient auprès de lui. L'empereur Alexandre, faisant face à l'assemblée, resta debout et se promenait à grands pas. On referma les portes.

Deux heures sonnaient. Je ne sais plus quel vainqueur, haranguant un peuple conquis, lui disait : Nous traiterons de vous, malgré vous et chez vous. C'était un peu la physionomie des souverains alliés dans le salon de M. de Talleyrand, au premier abord. L'empereur Alexandre voulut qu'on reprit aussitôt la suite des pourparlers entamés la veille au château de Bondy par l'intermédiaire de M. de Nesselrode ; le préfet de la Seine, M. de Chabrol, et le préfet de police, M. Pasquier, attendaient dans le cabinet du prince quel sort on destinait à Paris. La délibération commença.

II

LA COMÉDIE.

Il n'était pas facile de commencer une délibération qui pût s'ouvrir par la chute de Napoléon Bonaparte et se terminer par l'exaltation de Louis XVIII. Jamais extrêmes ne s'étaient si peu touchés. Aujourd'hui, toutes les opinions sont d'accord sur un point, c'est que les souverains alliés ne pensaient pas aux Bourbons de la branche aînée. M. de Talleyrand le savait. Aussi, bien qu'il fût immobile sur un pliant, le prince ne trottait par moins d'esprit à grandes enjambées comme l'empereur Alexandre sur le parquet de son salon bleu.

Quand le czar eut parlé de la bonne tenue des troupes, de l'accueil des Parisiens, de l'enthousiasme des femmes, et lorsqu'il se fut rafraîchi, M. de Talleyrand dit à l'oreille de M. de Nesselrode :

— Attention ! voici le commencement de la fin.

A ces mots, et, comme s'il eût cherché un maintien, mon malin confrère s'avisa de jeter les yeux à travers les rideaux sur la rue de Rivoli et s'aperçut que la population confuse qui encombrait les abords de son hôtel refluait à l'instant même, par un mouvement subit et unanime, dans la direction de la place Vendôme.

Nous étions alors, dans le petit salon, beaucoup d'hommes aimables, tous capable d'être premiers ministres et fort contrariés de n'être pourtant qu'à la porte de l'ordre de choses qui se préparait. M. Michaud, l'imprimeur, tuait des mouches; M. Pasquier, arrivant de la préfecture de police, sommeillait dans la pensée, sans doute, que le bien vient en dormant; M. de Montrond sifflotait entre ses lèvres pincées un air de della Maria, et quant à moi, j'étais parvenu, non sans beaucoup de peine, à rogner avec des ciseaux un roi de trèfle de façon à le réduire à la ressemblance de Louis XVIII.

C'est à ce moment que M. de Talleyrand entrebâilla lui-même la porte et dit assez haut pour que je l'entendisse:

— Qu'y a-t-il donc dans la rue, Montrond? Encore du nouveau? Ce serait beaucoup pour un jour. Voyez un peu cela.

Aussitôt le comte de Montrond se leva et sortit. Il y avait en effet du nouveau.

Avant de se rendre au rond-point des Champs-

Elysées, le grand-duc Constantin s'était arrêté à l'angle du boulevard, vis-à-vis de la Madeleine, pour attendre le passage du régiment de cuirassiers de la garde russe dont il était colonel, et se mettre à la tête de ce corps d'élite pour le commander au défilé, sous les yeux de son frère. Il entra familièrement en conversation avec M. de Gontaut et quelques autres royalistes. Dans ce moment un homme à cheval s'approcha, et prenant le grand-duc simplement pour un officier-général, lui dit:

— Où est le prince Constantin?

— C'est moi, répondit le grand-duc de sa voix rauque et en contractant sa figure, qui avait à peine la forme humaine.

— Prince, dit l'homme à cheval, qui n'était autre que M. de la Rochefoucauld, le peuple attache des cordes à l'image de Bonaparte. Ce n'est qu'une démonstration politique, car le bronze ne cédera pas assurément à tant de généreux efforts. Comme la foule est immense, voulez-vous détacher un bataillon d'infanterie pour maintenir l'ordre sur la place Vendôme?

— Non, monsieur, répliqua le grand-duc; les opinions du peuple français, relativement à la statue de Napoléon, ne me regardent pas. Vous avez un préfet de police et une garde nationale: qu'ils fassent leur devoir.

M. Pasquier, endormi dans le petit salon, et préfet de police, était trop spirituel pour se réveiller.

Il est certain que vers trois heures, quand la fameuse délibération s'ouvrait à l'hôtel Saint-Florentin, quelques fanatiques tiraient à une corde passée au cou de Napoléon, avec assez d'énergie royaliste pour que l'émotion d'un semblable événement réagît sur les curieux entassés sous le balcon de la rue de Rivoli. M. de Montrond reparut tout effaré.

— Eh bien? dit le prince entrebâillant toujours la porte.

— On a enfoncé une partie de l'acroterium

de la colonne de la place Vendôme pour en détacher l'image de l'usurpateur.

— Ah oui!

— On a même enlevé la statuette de la Victoire placée dans la main gauche de l'ogre de Corse.

— Ah bah!

— Et, au moment où je vous parle, monseigneur, un fanatique propose sérieusement de couper la tête à la figure de bronze et de la promener au bout d'une pique.

— Ah diable!

M. de Talleyrand referma la porte; puis, s'emparant de la circonstance avec autant de verve que de sang-froid, il fit ce discours d'ouverture à l'empereur Alexandre :

— Si votre majesté daigne s'approcher du balcon, elle se convaincra par ses propres yeux des véritables sentiments de la population à cette heure suprême. On se porte en foule à la colonne d'Austerlitz, pour y renverser la statue de l'usurpateur. Chez les Romains, cela était décisif...

L'allusion mit en gaieté tout le monde. Le czar ne s'en promena que plus vite, de temps en temps il s'arrêtait pour frotter l'un contre l'autre ses deux éperons en rapprochant ses bottes.

— Voilà un exercice fatal dans un congrès, dit M. de Talleyrand à M. de Nesselrode, car il agace terriblement les nerfs. Est-ce que Sa Majesté nous fera longtemps cette musique?

— A Dieu ne plaise qu'il l'interrompe! c'est le signe révélateur de ses plus vives émotions.

A cette réponse, le prince de Bénévent se hâta de raffermir le coton de ses oreilles.

Alexandre cependant considérait les badauds de la rue avec cette expression de sympathie cavalière qui faisait dire assez plaisamment à Napoléon, après l'entrevue du Niémen : — L'empereur de Russie est un bonhomme; mais il n'a que le vernis de la civilisation; en frottant un peu, cela sent bientôt le cosaque.

Le salon bleu n'était pas sans inquiétude.

— Pourvu que les figures arrêtées sous le balcon ne soient pas trop malpropres! ajouta M. de Talleyrand avec anxiété. Nous dépendons en ce moment du type de la beauté française dans les gamins de la capitale, et il n'y a pas de quoi se vanter. Si Elleviou, du moins, pouvait passer dans la rue!

Alexandre se retourna. Tous les yeux se baissèrent, dans l'attente. Mais il ne parlait point encore.

— Connaissez-vous, dit alors Talleyrand à M. de Nesselrode, un petit jeu de société pour les jeunes filles, qui consiste à manger une à une les groseilles pendues à la même grappe, en répétant: Je l'aime un peu, beaucoup, passablement, pas du tout? Votre empereur, là-bas sous mes rideaux, en pensant à Napoléon, se dit aussi en lui-même, mais sans groseilles: Je l'aime, un peu, beaucoup, passablement...

Ici, l'empereur de Russie fit un mouvement

et on entendit enfin sortir de sa bouche ces paroles historiques qui n'étaient pas d'une justesse irréprochable :

— Ce n'est pas moi qui ai voulu la guerre, on est venu me chercher dans mon pays. Je ne me connais qu'un ennemi : c'est l'empereur Napoléon. L'Europe désolée demande la paix à la France, mais nous laisserons votre patrie se donner elle-même de nouveaux souverains. Que le peuple français manifeste librement ses intentions ! c'est à lui, et non pas à nous, de se prononcer.

Vous l'entendez, mon cher enfant : Alexandre avait conservé de Napoléon des idées de grandeur et des velléités d'affection telles qu'il lui répugnait de prêter directement les mains à sa chute. A l'altération de sa voix, à la brusquerie de ses gestes, au retentissement entrecoupé de ses paroles, on pouvait juger facilement de la secrète perplexité de son âme. M. de Talleyrand estima qu'il n'y avait pas de temps à perdre. Il sut distraire habilement l'attention fiévreuse d'Alexandre.

— Je me permettrai, reprit M. de Talleyrand, de poser la question sous les trois aspects différents qu'elle semble offrir à Votre Majesté. D'abord, faire la paix avec Napoléon...

— Cela dépend, observa le prince de Schwarzemberg, des événements de la guerre qui se passeront à Fontainebleau.

— Établir une régence, poursuivit M. de Talleyrand.

— Les droits de l'impératrice Marie-Louise sont sacrés! reprit le czar avec chaleur.

— Rappeler enfin la maison de Bourbon, continua le rusé vieillard en donnant ici à sa voix un accent tout particulier.

Il se fit un profond silence.

—Roi de Prusse, dit Alexandre en s'arrêtant, quelle est l'opinion de Votre Majesté?

— Je me rangerai toujours à la vôtre, sire. Et Frédéric-Guillaume tomba plus profondément encore dans cette rêverie grave où il était resté durant le cours entier de la campagne. M. Pozzo di Borgo, qu'on supposait ennemi personnel de Napoléon, se taisait par convenance. Le prince de Schwarzenberg, commandant les troupes combinées des trois puissances, ancien ambassadeur d'Autriche à Paris et représentant le beau-père de l'empereur des Français, n'était pas en position de parler. Ce fut le prince de Lichteinstein qui embarrassa M. de Talleyrand.

— Il n'est pas démontré jusqu'à présent, dit-il avec une vivacité respectueuse, que la France désire le retour du comte de Lille (Louis XVIII). Nous avons traversé la Champagne et la Lorraine sans recueillir de manifestations formelles, ni même de vœux explicites. A cet égard, monseigneur, l'opinion publique est absolument muette. Des royalistes sont venus ce matin au devant de Leurs Majestés jusqu'à la Porte-Saint-Denis ; M. de la

Rochefoucault et son père, M. de Doudeauville, se sont exprimés dans la rue et aux Champs-Élysées avec autant de franchise que de courage; beaucoup de ces messieurs ont crié : Vive le roi! mais permettez-moi de vous parler nettement; cela n'est pas un parti, ce n'est qu'une cavalcade. La statue de la colonne Vendôme peut déplaire aux républicains comme aux partisans de la dynastie exilée. Il y a peu de jours, à La Fère, nous avons vu plusieurs milliers d'hommes, fraîchement arrachés à la charrue, se battre et se faire tuer comme de vieilles troupes en criant : Vive l'empereur! même sous la mitraille. Qui faut-il croire? Des conscrits de la Lorraine ou des émigrés de Paris? Quand Bonaparte a fait fusiller M. de Gouault à Troyes, personne n'a réclamé. Ce que Leurs Majestés vont résoudre ne saurait émaner que de la plus haute sagesse; mais je dois à ma conscience de leur déclarer ici que je n'ai trouvé de cocardes blanches que sur le boulevard. »

— Parfaitement! reprit Alexandre, qui avait écouté les observations de M. de Lichteinstein avec beaucoup d'intérêt. Et, se tournant vers M. de Talleyrand, il ajouta :

— Vous demandez les Bourbons : à quoi reconnaissez-vous que les habitants de Paris en veulent encore?

— A l'*événement* du 12 mars, à cet élan de Bordeaux qui a ouvert ses portes au duc de Wellington.

— Cela ressemble terriblement à une affaire de salon, murmura le prince de Lichteinstein.

— Mais Paris n'est point Bordeaux, dit le czar en fixant les yeux sur M. de Talleyrand. Y a-t-il des faits politiques qui engagent les grands corps de l'état?

— Il n'y en a pas pour le moment, sire ; mais dans vingt-quatre heures j'en aurai.

Le sénat et le corps législatif n'avaient pas encore dit un mot. L'assemblée resta ébahie de tant d'aplomb. M. de Nesselrode se frottait les mains, et le czar semblait ébranlé. Le prince de Talleyrand, réduit à son dernier coup de théâtre, se rappela le vers de Corneille : Paraissez, Maures et Castillans! Entr'ouvrant avec précaution la porte de son cabinet, il reprit :

— Si Leurs Majestés veulent permettre que M. l'abbé Louis et M. l'abbé de Pradt soient introduits dans leur conseil, elles connaîtront de la bouche même de ces publicistes distingués à quel point la France est impatiente de revoir la dynastie légitime.

Alors s'avancèrent la tête haute les deux hommes d'église que M. de Talleyrand gardait en fourrière depuis la veille, et que, par la plus audacieuse des manœuvres diplomatiques, il présentait à l'empereur de Russie et au roi de Prusse comme les fidèles organes des sentiments royalistes de la France militaire et voltairienne du dix-neuvième siècle. L'abbé Louis avait été son diacre à la fédération du 14 juillet 1790, et servit la messe que le prince de Talleyrand célébrait en qualité d'évêque d'Autun sur l'autel de la patrie : l'abbé de Pradt était un vieux constituant jadis émigré, maintenant archevêque ; celui-ci avec une lévite noire boutonnée jusqu'au menton ; celui-là avec un petit manteau et des bas violets; tous deux poudrés à blanc et coiffés de calottes de soie; l'un et l'autre frais émoulus des conférences tenues à l'hôtel Saint-Florentin durant la nuit entre M. de Talleyrand, M. de Nesselrode et le duc de Dalberg. On les vit prendre place vis-à-vis des souverains avec l'assurance que le pays entier marchait derrière leur habit de prêtre et entrait dans le salon bleu exactement par la même porte. Leurs discours furent à la hauteur de cette assurance. Le czar était de plus en plus agité.

— Pourtant, messieurs, disait Alexandre, il se passe des choses que je ne comprends pas.

Ce matin, M. le comte de Laborde, revenant avec M. de Dunow du château de Bondy, où il était allé officieusement me parler d'une régence, a montré à mon aide-de-camp un bataillon de gardes nationaux dont il est chef et qu'il prétend dévoué aux intérêts de l'archiduchesse Marie-Louise. Dans le même instant, à quelques pas de l'Hôtel-de-Ville, M. de Thomanzoff a failli comme Russe être victime de la colère des ouvriers de vos faubourgs, qui lui redemandaient Napoléon en criant plus fort que jamais ce que nous entendons partout depuis six semaines : Vive l'empereur! Franchement, est-ce là un vœu pour la royauté?

— Le faubourg n'a pas d'opinion, repartit aussitôt M. de Talleyrand avec sa légèreté habituelle; et quant à M. de Laborde, c'est un fonctionnaire du service de la reine Hortense. Il compose les paroles de ses romances. Quoi de plus simple qu'il défende Bonaparte?

M. de Nesselrode parut si heureux de cette

saillie, que le czar fit un mouvement où se trahissait autant d'irrésolution que de fatigue. On le prit au mot, ou, pour mieux dire, au geste.

—A quel parti s'arrêtent Leurs Majestés? demanda l'amphitryon, impassible comme le destin, mais toujours expéditif comme lui.

— Eh bien, s'écria d'une voix forte Alexandre en regardant le roi de Prusse et le prince de Schwarzenberg, les souverains alliés ne traiteront plus avec Napoléon Bonaparte!...

— Ni avec aucun membre de sa famille? ajouta M. de Talleyrand, qui prévoyait tout.

— Ni avec aucun membre de sa famille !

A ces mots, qu'il semblait arracher du plus intime repli de son cœur, Alexandre interrompit enfin sa promenade, se jeta dans un fauteuil, et un froid glacial plana sur l'assemblée dans le salon bleu, où l'on n'entendit plus que le bruit criard de la plume de M. de Nesselrode, qui se hâtait de formuler en français de chancellerie l'immense résolution dont le fardeau déjà pesait sur les témoins de cette scène comme un secret remords. M. de Talleyrand dictait à voix basse. Après quelques ratures, M. de Nesselrode se leva et lut la déclaration des souverains du 31 mars. Je vous en rappellerai les termes :

« Les armées des puissances alliées ont occupé la capitale de la France. Les souverains alliés accueillent le vœu de la nation française. Ils déclarent qu'ils ne traiteront plus avec Napoléon Bonaparte ni avec aucun membre de sa famille, qu'ils respecteront l'intégrité de l'ancienne France, telle qu'elle a existé sous ses *rois légitimes*, qu'ils reconnaîtront et garantiront la constitution que la nation française se donnera. Ils invitent par conséquent le sénat à désigner un gouvernement provisoire qui puisse pourvoir aux besoins de l'administration et préparer la constitution qui conviendra au peuple français.

Paris, 31 mars 1814, trois heures de l'après-midi. »

Rois légitimes était ce que les éditeurs nomment une *réclame* en faveur des Bourbons. On ne s'expliquait pas encore, mais on tâtait l'opinion publique. M. de Talleyrand entrebâilla pour la seconde fois la porte du petit salon :

— M. Michaud ! dit-il d'un ton ferme.

A cet appel, nous tressaillîmes tous : M. Michaud était imprimeur ! Tandis que M. Pasquier, réveillé par la voix du prince, examinait d'un œil moitié endormi, moitié sournois, le papier que M. de Talleyrand tendait à M. Michaud, celui-ci, royaliste exalté, le saisit d'un geste rapide et disparut. A quatre heures, la déclaration couvrait les murs de Paris.

Cependant la déclaration ne suffisait pas pour que la journée du 31 mars fût bourbonnienne :

on s'était abstenu d'y prononcer le nom de la famille exilée. Les royalistes ne voulaient pas que le pauvre Alexandre se couchât avant de s'être moralement engagé sur le retour de Louis XVIII. Le parti arrêta, tandis que le czar dînait, qu'une députation lui serait envoyée le soir même. Il fallait en choisir les membres. On se réunit aussitot chez M. de Morfontaine.

Depuis le mois de mars 1813, les royalistes avaient eu de fréquentes réunions de ce genre au château d'Ussé, en Touraine, chez le duc de Duras. Les ducs de la Trémouille et de Fitz-James, MM. de Polignac, Ferrand, Adrien de Montmorency, Sosthène de la Rochefoucault, de Sesmaisons et de la Rochejacquelein, avaient composé une sorte de gouvernement secret dont on allait jusqu'à dire que le préfet de Nantes faisait partie. A mesure que les alliés s'avançaient de l'Elbe sur le Rhin et que l'empire chancelait, les conjurés augmentaient d'indiscrétion et d'ardeur. Lorsque la Lorraine fut envahie, le comte de Suzannet prit secrètement l'inspection du Bas-Poitou, pendant que le comte d'Autichamp se chargeait du commandement d'Angers ; le duc de Duras prit l'Orléanais, et le marquis de Rivière, le Berry. Enfin quand l'armée des puissances fut sous les murs de Paris, le faubourg Saint-Germain rentra dans sa vieille faculté d'initiative et devint naturellement le quartier-général de l'opinion royaliste.

Le club improvisé chez M. de Morfontaine fut orageux. Tout le monde voulait être de la députation. Il paraît que M. Sosthène de la Rochefoucault parla debout sur une table avec tant de succès, que le choix des membres lui fut confié. M. Sosthène, d'ailleurs, nommé président par acclamations, désigna M. Ferrand et M. César de Choiseul. Tous trois se dirigèrent vers l'hôtel Talleyrand et rencontrèrent en chemin le vicomte de Châteaubriand. Le noble écrivain ne demanda pas mieux que de se joindre à la députation, mais il déclina le soin de porter la parole. Alexandre sortait de table lorsqu'ils arrivèrent. L'aide-de-camp de service, prince Wolkonski, lui racontait comment, au rond-point des Champs-Élysées, M. Sosthène de la Rochefoucault lui avait donné l'accolade royaliste. Cet épisode sentimental, en effrayant le czar, d'une nature douce et timide, sur la passion du mouvement bourbonnien, allait gâter son repos de la nuit, lorsque, pour comble d'insomnie, les huissiers annoncèrent M. de la Rochefoucault lui-même.

— A neuf heures du soir! s'écria le czar stupéfait, quand c'est à peine si de toute la journée je me suis assis seulement pour prendre un potage! On voit bien que ces messieurs n'ont pas sept heures de cheval dans les jambes et la chute de Napoléon sur la conscience. Qu'ils prennent Louis XVIII, mais qu'ils me laissent dormir! Faites, Nesselrode. Je ne m'en mêle plus!

Voilà pourtant comme se fondent les empires : tantôt par des mots, tantôt sur des riens. Alexandre était rendu de fatigue : cela nous occasionnait la branche aînée.

M. de Nesselrode ne se fit pas répéter deux fois l'ordre de répondre lui-même à la députation des royalistes. Il passa sur-le-champ dans le fameux salon bleu, et là, après avoir écouté d'un air poli le discours de M. de la Rochefoucault, qu'on n'a pas conservé, il répliqua par ces phrases à effet politique, par ce mandat à courte échéance et auquel nous avons fait honneur dans la personne de Louis *le Désiré* :

— Je quitte à l'instant S. M. l'empereur Alexandre, et c'est en son nom que je vous parle. Retournez chez M. de Morfontaine et dites à tous les royalistes que le czar a été vivement ému de leurs sympathies pour les Bourbons. L'empereur va rendre la couronne de

France à ses possesseurs légitimes. Louis XVIII remontera bientôt sur le trône de Henri IV!

Les membres de la députation revinrent chez M. de Morfontaine et enthousiasmèrent à tel point, par la nouvelle de leur victoire, les débats de cette réunion, que, pour séparer les orateurs, M. Talon, frère de Mme du Cayla, fut obligé, à plus de minuit, de faire éteindre toutes les bougies.

Ce jour-là, où de si grandes choses s'effectuèrent par de si faibles moyens, le *Moniteur*, gazette officielle de l'État, pour ne pas se prononcer trop vite, renfermait simplement, comme article de fond, un fragment, moitié prose, moitié vers, d'un voyage en Italie qui n'était pas même original et qui fut emprunté par M. Sauvo au *Mercure étranger*. L'Europe nous donnait à la même heure une dynastie et un premier Paris.

Ainsi fut engagé moralement par M. Sosthène et politiquement par M. de Talleyrand cet empereur de Russie qui se trouvait maître à Paris, avec ses deux cent mille hommes, du gouvernement de la France. Le 31 mars 1814 n'eut pas d'autres coulisses, la restauration n'a pas de plus grave origine : deux abbés en fourrière, sept heures de cheval et les suites d'un bon dîner.

III

LA PREMIÈRE NUIT.

Ne soyons pas injuste : M. de Talleyrand fit peut-être ce que les circonstances permettaient seulement de faire. La politique est une région exceptionnelle, où l'homme d'état doit sans cesse tenir compte des mauvaises comme des bonnes passions de la foule, où les événements ne sont pas toujours en désaccord avec ses intérêts, où ce qui d'en-bas paraît un escamotage devient en haut une nécessité. C'est dans la situation de Paris, en 1814, que vous trouverez, sinon l'excuse, du moins le prétexte de sa conduite.

La capitale de la France, qui n'était pas conquise et qui ne s'appartenait pas, offrait un spectacle parfaitement en harmonie avec cette situation mixte et bizarre. Moscou, Vienne et Berlin étaient à la fois dans Paris, et, depuis le bivouac du soldat russe jusqu'au salon des duchesses royalistes, tout avait une physionomie foraine qui effaçait momentanément la patrie et remplaçait la nationalité aux abois par quelque chose de confus, de barbare et d'incohérent, véritable Babel où s'égarait le plus modeste habitant des faubourgs comme le plus pillard des cosaques.

Il n'y a pas que les empereurs qui aient le droit de dîner. Les diplomates ont leur appétit.

Je m'étais proposé de satisfaire le mien chez Véry, lorsque dans l'escalier du prince, en descendant avec M. Pasquier, je rencontrai M. de Dunow, qui était chargé d'inventorier, conjointement avec un commis français, un parc assez considérable d'artillerie parisienne en dépôt au Champ-de-Mars. M. de Dunow, parlant notre langue avec difficulté, me pria de l'accompagner dans son inventaire. Nous convînmes de souper ensemble au retour.

M. de Dunow me fit monter dans une voiture du prince Wolkonski, dont il était aide-de-camp, calèche attelée avec des cordes et conduite par un cocher à longue barbe dont la tête était coiffée d'un chapeau plat à larges bords. En carnaval, on nous aurait pris pour des étudiants en gaieté voiturés par un bobèche. Jamais Paris ne fut mieux éclairé que ce soir-là. Les gens peureux craignaient qu'on ne cassât leurs vitres et les royalistes qu'on ne doutât de leur dévouement. En suivant le pont de la Concorde,

M. de Dunow me désigna la berge du quai d'Orsay où maintenant se trouve une école de natation, et me dit :

— La comtesse Potocka m'assurait au congrès de Châtillon que vous étiez beaucoup trop poëte pour un diplomate. Voici le moment d'en juger. Faites-moi le plaisir de regarder au bord de la rivière.

Comment vous peindre ce qu'on y voyait ! Des brasiers de bois de flottage couvraient la berge, qui ressemblait du haut du pont, dans ces premières heures assez sombres du crépuscule, à une longue fournaise rouge, brûlant dans l'eau et vomissant des hommes. Au bas du quai, entre cette ligne ardente et le mur du parapet, se tenaient debout, avec la discipline et dans l'alignement du champ de bataille, des soldats d'infanterie russe, à moitié nus, agitant au-dessus de la flamme leurs vêtements intimes, qu'on aurait pris pour de l'amiante, à tel point le feu avait de la peine à y mordre. Toutes ces loques, sur un commandement de l'officier, se trempaient pour ainsi dire en même temps dans l'incendie, et aussitôt, par un autre commandement, les soldats y rengaînaient leurs poitrines avec une précision égale. Cette lessive de feu avait un but meurtrier, mais non pas pour les Russes.

Au Gros-Caillou, un agent de la police russe, habillé en bourgeois, reconnaissant la voiture de M. de Dunow, vint lui rapporter que des soldats prussiens campés à Grenelle avaient fait main-basse sur du linge étendu au grand air pour sécher dans un terrain vague. L'agent russe terminait à peine que les blanchisseuses accoururent vers la calèche. Les insignes militaires de M. de Dunow et la tournure grotesque de notre équipage nous avaient trahis; deux blanchisseuses tenaient un Prussien au collet. On demandait justice.

— Il paraît, dis-je à M. de Dunow, que pour changer de linge les Prussiens ont des procédés moins discrets que les Russes. Cela honore votre civilisation tartare. Mais que ferez-vous?

— Moi? répondit l'aide-de-camp. Rien de plus simple. M. Pasquier, le préfet de police, n'est venu qu'à trois heures chez M. de Talleyrand, lorsque tout était fini ou à peu près. Il voulait ménager la chèvre et le chou, je vais lui jouer un tour.

M. de Dunow déclina la responsabilité du jugement à intervenir et renvoya les blanchisseuses à se pourvoir devant leurs juges naturels, devant le préfet de police. On ne pouvait être plus galant. L'agent russe forma une députation des parties plaignantes et accusées, et nous dirigeâmes le tout, avec un billet, sur la préfecture. Un de mes amis se trouvait dans le cabinet de M. Pasquier lorsque l'agent lui fit remettre le billet de M. de Dunow. Mon cher enfant, pour peu que vous portiez intérêt aux blanchisseuses du Gros-Caillou, je vous raconterai sur-le-champ l'issue de cette affaire.

M. Pasquier, qui n'avait eu connaissance des termes si catégoriques de la *déclaration* qu'à son retour à l'hôtel de la Préfecture, et par la voie officielle, était encore, au milieu de quelques intimes, sous le coup de cet acte foudroyant dont la teneur, en rappelant les Bourbons, semblait ouvrir immédiatement le chemin de la plus haute fortune politique à ceux qui avaient eu le bonheur ou l'adresse d'y concourir.

— Et quand on pense, disait-il en se frappant le front, que je n'étais pas dans le salon bleu!

Pour se distraire, il rédigeait avec soin les plus belles ordonnances sur la charpie, ressource ordinaire des autorités dans l'embarras qui ne veulent ou ne peuvent pas encore se prononcer. Dans ce moment, on ouvrit la porte du cabinet.

— M. le préfet?

— C'est bon!

— On vous demande.

— Je fais de la charpie.

— Un agent russe...

— Plaît-il? quoi? qu'est-ce? vous dites?

— Un agent russe qui introduit dans l'hôtel une députation des blanchisseuses du Gros-Caillou et des soldats prussiens campés à Grenelle.

— Que diable me veulent-ils, nos magnanimes alliés? s'écria M. Pasquier, qui sortit néanmoins avec empressement.

Il avait alors quarante-deux ans. On ne pouvait réunir à la fois plus d'esprit et plus d'énergie. Sa haute taille, ses épaules carrées, ses jambes bien dessinées dans une culotte de soie noire, son air narquois, ses yeux brillants et rusés, tout cela plut d'abord aux blanchisseuses, qui se connaissent en beaux gaillards et en fines mouches, et qui, au lieu de quelque grave magistrat, impotent ou chafouin, se trouvaient en face vraiment d'un compère.

— A la bonne heure, s'écriait-on, voilà mon préfet! c'est un homme.

Il ne s'émut pas du compliment. Les blanchisseuses et les Prussiens firent cercle autour de leur juge. M. Pasquier, les parties entendues, s'adressa d'abord aux femmes :

— Citoyennes, c'est toujours avec un nouveau plaisir que je me retrouve au milieu de mes charmantes administrées de l'arrondissement du Gros-Caillou (banlieue). Vous le voyez (M. Pasquier tenait un échantillon de charpie à la main), je m'occupe de vos intérêts les plus chers. Permettez-moi de vous faire observer que, quand bien même nos magnanimes alliés restitueraient les chemises, il est présumable que vos pratiques, par une susceptibilité puérile, ne les accepteraient plus. C'est donc moins la toile que sa valeur que vous réclamez de l'autorité compétente. D'ailleurs, les Prussiens n'ont cédé qu'au besoin impérieux de faire leur toilette avec moins d'originalité que les Russes. Aussi vais-je ordonner que la préfecture de police vous tienne compte de votre linge passé à l'ennemi. Pour vous, mesdames, passez à la caisse.

L'effet de ce discours, prononcé à la lueur de cinq à six torches que les gendarmes brandissaient autour de M. Pasquier, fut de grandir considérablement cet homme d'état dans l'esprit des blanchisseuses, qui s'acheminèrent vers la caisse de la préfecture avec un premier germe d'indulgence pour la restauration. L'orateur alors se tourna du côté des Prussiens et leur dit avec non moins d'à-propos :

— Soldats prussiens, après vos glorieuses campagnes vous éprouvez le besoin de changer de linge; quoi de plus naturel! Et comme le grand Frédéric, malgré tout son génie, n'a pu faire de vos aïeux des salamandres, vous répugnez à la lessive des Russes dans la crainte de rôtir à la manière des canards, et sans tourne-broche encore; je me mets parfaitement à votre place. Puis, vous arrivez dans la plaine de Grenelle, dans cet oasis couvert de gazon; vous plantez vos tentes au milieu d'un essaim de jeunes filles qui ressemblent aux blanchisseuses de l'Oder et de la Vistule, et, à la vue d'un linge aussi blanc que la toile de Silésie, vous croyez naïvement que ce sont là vos chemises; il n'y a rien que de fort touchant dans votre erreur. Gardez ces chemises, magnanimes alliés : la France vous les donne. Puisse-t-il durer jusqu'à vos derniers neveux, ce monument de l'hospitalité sainte et d'une réconciliation éternelle! Je vous souhaite le bonsoir.

M. Pasquier rentra dans son cabinet, suivi des employés supérieurs de la police. On ne revenait pas avec raison de son adresse, on ne tarissait pas d'éloges sur sa présence d'esprit.

— Quel chef-d'œuvre de haute politique!

s'écriaient les intimes. C'est le jugement de Salomon.

— N'est-ce pas? disait M. Pasquier en mangeant des pastilles; et quand on pense, messieurs, que je n'étais pas dans le salon bleu!

Pour une plaisanterie russe, mon cher enfant, celle de M. de Dunow n'était pas si mauvaise. Comme nous entrions dans le Champ-de-Mars, le général Müffling en sortait à cheval avec un nombreux état-major. Il venait de parcourir les campements de l'armée de Silésie échelonnés sur le plateau qui s'étend, à gauche de la Bièvre, entre Montrouge, Bagneux, Vanves et Grenelle; il était encore tout ému du défilé qui s'était terminé, après la parade des Champs-Élysées et des boulevards du nord, par le passage du pont d'Iéna, où les troupes prussiennes, n'étant pas contenues par la présence de Frédéric-Guillaume, avaient manifesté le plus sombre enthousiasme; il avait enfin inventorié le fameux parc d'artillerie de l'école-Militaire, et il allait chez le roi de Prusse, à l'hôtel du prince Eugène, rue de Lille, 82, lui rendre compte de la soirée.

— On n'y comprend rien, dit-il avec un geste significatif à M. de Dunow; j'ai trouvé là cent pièces avec leurs caissons remplis de poudre. Mises en batterie à Pantin, elles auraient achevé la garde prussienne, car nous avons perdu beaucoup de monde, ajouta le général Müffling en se penchant vers M. de Dunow pour que je ne l'entendisse pas; tristes nouvelles pour le coucher de Frédéric-Guillaume !

Le général causa encore quelques instants à voix basse avec l'aide-de-camp du prince Wolkonski et nous quitta en m'adressant un profond salut. M. de Dunow avait un air préoccupé.

— Les pertes de l'armée de Silésie ne vous regardent pas, dis-je en cherchant à le distraire.

— S'il ne s'agissait que de cela ! reprit l'officier russe en ordonnant au cocher de tourner bride.

— Qu'y a-t-il donc?

— Écoutez-moi, vicomte, me dit-il d'un ton d'un homme qui ne veut pas s'expliquer encore : puisque le but de notre promenade est manqué, voulez-vous, en sortant de chez Véry, m'accompagner à Montmartre? Tandis que le baron Müffling rendra compte pour moi au major-général Oldecop de l'inventaire du parc, je remplirai pour lui une mission auprès du général Blücher, qui n'est pas entré à Paris ce matin avec nous. Le clair de lune sera magnifique. Nous ferons un circuit pour passer à Belleville. Je vous montrerai le terrain de la bataille.

Il ne devait être ouvert au public que le samedi suivant, quand sa plus hideuse empreinte en aurait disparu, et les Russes en tenaient seuls la clé. Une semblable visite renfermait de hautes leçons pour un diplomate.

J'acceptai donc avec empressement la proposition de M. de Dunow. Nous revînmes du Gros-Caillou par le pont d'Iéna et les Champs-Élysées. Au Rond-Point, un inconnu jeta dans la calèche un billet à mon adresse, où nous ne lûmes pas sans étonnement cette invitation politique : « Il y aura cette nuit une assemblée royaliste chez M. de N... (j'ai oublié le nom), rue du Faubourg-Saint-Honoré, 45.

— Ce parti doit réussir, dit M. de Dunow avec une gaieté mélancolique ; il recrute les hommes d'esprit même au vol.

L'aide-de-camp plaisantait d'un air sombre que j'attribuai naturellement au nouveau point de vue de la place de la Concorde.

Vous savez que les fossés de la place, du côté des Champs-Élysées surtout, étaient jadis encombrés de tonnelles et de bosquets dont le tapis vert formait, vu d'en haut, quelque chose de pittoresque et d'étrange qui pouvait n'être pas commode, mais qui n'était pas moins mystérieux et fleuri, orné de cabarets et de jasmin. A l'aspect de cette verdure printanière et souterraine qui s'ouvrait à leurs yeux comme une vallée de Silésie sous la baguette d'un enchanteur, avec la forme chérie des *redoutes* de la patrie absente, les pauvres Prussiens avaient escaladé le parapet, les vivandières leur avaient porté de la bière de Brunswick, et là, fumant avec frénésie, croyant échapper aux regards des Parisiens, éclairés par des chandelles qu'on plantait dans le goulot des bouteilles vides, ils buvaient, ils buvaient crânement, à l'allemande, ils chantaient à tue-tête l'hymne de Korner, ce dialogue fameux du Cavalier et de l'Épée :

LE CAVALIER. — Dis-moi, ma bonne Épée, pourquoi l'éclair de ton regard est-il aujourd'hui si ardent ? Tu me regardes d'un œil d'amour, ma bonne épée, l'Épée qui fait ma joie. Hurrah !

L'ÉPÉE. — C'est que c'est un brave cavalier

qui me porte ; voilà ce qui enflamme mon regard. C'est que je suis la force d'un homme libre ; voilà ce qui fait ma joie. Hurrah !

LE CAVALIER. — Mon amie, ma belle amie d'acier, pourquoi tressaillir ainsi dans le fourreau ? Pourquoi cette colère et cette ardeur de bataille ? Mon épée, qui te fait tressaillir ainsi ? Hurrah !

L'ÉPÉE. — Pourquoi je tressaille dans le fourreau ? C'est que j'aspire au jour du combat ; c'est que j'ai soif de sang. Voilà, cavalier, voilà pourquoi je tressaille dans le fourreau. Hurrah ! etc.

Figurez-vous cette sombre poésie sortant en paroles enflammées et vibrantes des fossés déjà garnis de feuillage, la clarté des chandelles passant au travers des treillis de jasmin, le ciel étoilé au-dessus, la place fourmillant de cosaques immobiles, aux moustaches énormes et prêtant l'oreille sans y répondre à cet hymne trop grandiose pour leur âme épaisse ; dans le lointain, les rumeurs inouïes de la cité, le roulement sourd de l'artillerie et des fourgons qui défilaient de Montmartre par le boulevard, sur la route d'Orléans, le cliquetis des armes qu'on entassait de toutes parts, le bruit des tambours, le son des cloches, le hennissement des chevaux! M. de Dunow était fort mécontent.

— La garde prussienne, dit-il en haussant les épaules, a tant souffert à Saint-Chaumont qu'il faut bien qu'elle s'amuse un peu ce soir. Demain, tout sera fini.

— Vous croyez?

Et comme pour démentir l'aide-de-camp, on chantait toujours sous le berceau de jasmin avec énergie:

L'épée *hors du fourreau*. — Je suis libre! ah que cet air est pur! salut, danse de mes noces! Vois, cavalier, comme mon fer brille aux rayons du soleil! C'est la joie de l'amour qui lui donne cet éclat. Hurrah!

— Assez! dis-je à M. de Dunow en lui serrant le bras.

Il me comprit, et notre voiture, se frayant une route avec peine, disparut au milieu de la foule. En tournant l'angle de la rue de Rivoli et de la rue Castiglione, nos regards se portèrent d'un commun accord sur la colonne d'Austerlitz!... Napoléon y était toujours debout, impérissable comme le bronze; mais une grossière toile d'emballage cachait la statue aux yeux du public.

— Voici des affiches! me dit tout à coup l'officier russe. M. Pasquier doit y être aussi pour quelque chose. Descendons.

Nous étions parvenus à cette impasse qui occupait alors sur la droite de la rue Castiglione l'emplacement actuel de la rue du Mont-Thabor, le long du jardin de l'hôtel Égerton. Les passants étaient pour ainsi dire ameutés autour des placards qui couvraient le vieux mur de la chapelle des Feuillants. La déclaration des souverains, ou de M. de Talleyrand, s'étalait avec orgueil au-dessus de deux autres affiches beaucoup plus modestes et qui semblaient chercher tous les moyens possibles, soit par l'exiguïté du papier, soit par l'imperfection du caractère, d'échapper au contrôle des badauds. La plus importante de ces deux pièces curieuses était une proclamation du préfet de police, affichée le matin, entre la ratification et l'entrée. Un gamin monta sur une borne, tenant avec politesse un lampion à la main pour nous éclairer. Je lus d'abord la proclamation :

« *Citoyens de Paris*, les événements de la guerre ont amené à vos portes les armées des puissances coalisées. Leur nombre et leur force n'ont pas permis à nos troupes de continuer la défense de la capitale. Le maréchal qui la commandait a dû faire une capitulation : il l'a faite fort honorable. Une plus longue résistance eût compromis la sûreté des personnes et des propriétés. Elle est aujourd'hui garantie par cette capitulation et par la promesse de Sa Majesté l'empereur Alexandre, qui a donné ce matin au corps municipal les assurances les plus positives de sa protection et de sa bienveillance pour les habitants de cette capitale. Votre garde nationale demeure chargée de protéger vos personnes et vos propriétés. Restez donc calmes et tranquilles dans ce grand événement, et montrez dans cette occasion le bon esprit qui vous a toujours signalés !

— Que penses-tu de ce papier? dit M. de Dunow au gamin après avoir écouté ma lecture.

— Mon général, répliqua l'enfant sans se déconcerter, on n'y parle pas de Napoléon.

— Quelle critique, mon cher, quelle critique! murmura l'aide-de-camp à mon oreille en allumant un cigare au lampion du gamin.

— La proclamation n'est pas moins d'une adresse consommée, dis-je à M. de Dunow, car on n'y parle pas davantage des Bourbons ; remarquez d'ailleurs le mot *coalisés* au lieu de *alliés.* Pas un mot de politique, aucun enthousiasme, aucun regret; la philosophie de l'attente. Mais voyons l'autre papier:

Avis. Le préfet de police et le conseil des hospices invitent les habitants à faire le plus promptement possible, vu l'urgence, en leurs municipalités respectives, de nouveaux envois, aussi abondants qu'ils pourront, de linge à pansements, charpies, draps, chemises et autres objets de fournitures utiles aux blessés. »

C'était précisément un arrêté de cet échantillon que le préfet rédigeait dans son cabinet quand l'agent russe réclama une audience pour les blanchisseuses du Gros-Caillou. M. de Dunow donna un *napoléon* au gamin et nous remontions dans la voiture; mais à l'instant même les badauds qui déchiffraient les placards s'agitèrent avec inquiétude, un afficheur de la préfecture appliqua son échelle contre le mur, et en un clin d'œil la foule grossit autour de cet homme au point qu'il me fut impossible de lire. Le gamin, aussi poli que reconnaissant, vola un exemplaire du nouveau placard dans la poche de l'afficheur et nous l'apporta avec un air de profonde importance. Le dernier papier était le plus sérieux ; on y lisait :

Ordre du baron Sacken, gouverneur de Paris.
« Tous les journaux qui s'impriment à Paris sont, dès ce moment, mis sous la police de M. Morin, qui ne fera rien imprimer et qui ne laissera rien imprimer sans que lesdits journaux et autres papiers publics me soient représentés et soumis à mon approbation. Tous les agents et toutes les autorités obtempéreront aux ordres de M. Morin pour les objets de police et d'imprimerie. »

Je restai confondu. A quoi bon cette singulière censure? N'était-ce pas au contraire l'heure de tout dire ? Les souverains alliés, tenant sous les armes deux cent mille hommes à Paris, n'avaient-ils pas un immense profit à lâcher la presse, comme un cheval en liberté, dans les questions les plus diverses pour connaître les intentions véritables du peuple français? Évidemment il y avait un complot.

— Hélas, oui! me dit l'officier russe; il y a un complot, et les royalistes ont forcé la main d'Alexandre. Müffling m'a raconté que vers cinq heures, tandis que nous causions encore à l'hôtel Talleyrand, on avait arrêté dans la rue Montmartre, où les opinions ne sont pas bourbonniennes, un M. Morin, jadis employé dans l'administration de la guerre, qui criait *Vive le roi!* Les gardes nationaux de la mairie du 3ᵉ arrondissement ont arraché de son chapeau la cocarde blanche. Mais le marquis de Lagrange a demandé sa liberté au roi de Prusse; il l'a obtenue, et M. Morin a même été reçu ce soir par le général Sacken, qui sur-le-champ lui a conféré la police des journaux. M. Morin a de suite compris l'importance de sa position; il a nommé M. Demersan censeur du *Journal des Débats*, M. Salgues censeur du *Journal de Paris*, et M. Michaud censeur de la *Gazette de France;* il leur a même prescrit d'annoncer dès demain que la cocarde blanche avait parfaitement réussi dans la capitale, et qu'on avait accueilli les souverains en leur demandant les Bourbons. Vous savez au juste ce qu'il en est, mais tout dépend du savoir-faire. Les trois censeurs donneront aux trois feuilles une couleur habilement royaliste, la province suivra le mouvement, et, dans quarante-huit heures, on demandera les Bourbons, comme si l'Europe ne se battait depuis vingt-cinq ans que pour cela. Ah, vicomte, je connais mieux Paris que vous !

— Ma foi, ce serait bien possible, lui répondis-je en voyant d'ailleurs le sang-froid qu'il mettait à fumer son cigare en calèche découverte.

On s'arrêtait volontiers pour contempler M. de Dunow dans cet exercice nouveau. C'était probablement le premier cigare qui se fumait à Paris en plein vent avec autant d'aplomb. Le spectacle de la rue Saint-Honoré y gagnait encore. Au reflet des lumières des boutiques, on y voyait circuler à la fois des Allemands, des Russes et des Asiatiques venus de la grande muraille de la Chine, des bords de la mer Caspienne et de la mer Noire. Les Kalmouks au nez plat, aux petits yeux perçants et au teint rouge foncé; les Baschirs de Sibérie, armés d'arcs et de flèches; des chefs circassiens, vêtus de cottes de mailles en acier et coiffés de longs casques pointus, se promenaient dans la rue Saint-Honoré comme au pied du Caucase ou sur les rives du Volga, avec la haute lance, le carquois au dos et, ce qui était plus original, l'argent à la main. Beaucoup de jeunes sous-officiers russes, sortant à peine de l'enfance et portant leurs cheveux longs sur les épaules, se mêlaient pittoresquement à ces visages rudes et barbares, à ces physionomies d'un autre hémisphère et même d'une autre nature. Enfin, pour que rien ne manquât à l'encadrement de ce songe où nous semblions nous-mêmes poser tout éveillés, au cou des plus remarquables par leur grade ou par leur âge, brillait la médaille de la campagne de Moscou, suspendue par un ruban bleu de ciel, frappée à l'occasion de la retraite mémorable de 1812, et d'un caractère d'exécution aussi sombre que l'événement sans exemple qu'elle prétendait transmettre à la postérité. D'un côté de la médaille était gravé un triangle environné de rayons et portant au centre l'œil ouvert de la Providence; sur le revers, on lisait en lettres russes cette inscription dont la mysticité peint admirablement l'époque, la nation et le prince : « Ce n'est pas à nous, Seigneur, ce n'est pas à nous que la gloire appartient, mais à ton nom ! » Tout le peuple moscovite, depuis le règne de Catherine II, est symbolisé dans cette devise.

Mais c'est en approchant du Palais-Royal que l'étrangeté de la première nuit de la restauration devenait plus caractéristique. Déjà les piliers des galeries étaient couverts d'affiches qui annonçaient la brochure de M. de Châteaubriand : *De Bonaparte et des Bourbons*. L'éditeur Le Normant avait risqué pour cette publication des frais de placards qui ouvrirent la voie aux gigantesques affiches du libraire Ladvocat; l'innovation matérielle, en librairie, est toujours pour beaucoup dans le succès moral de l'œuvre. Je crois que M. de Châteaubriand doit quelque chose à ces dimensions inusitées de l'annonce qui forçaient les passants à faire involontairement une émeute autour des colonnes du Palais-Royal. Au milieu du jardin étaient groupés des centaines de chevaux dont les cavaliers achevaient gaîment chez Véry le souper que les circonstances nous permettaient enfin de commencer. Tous les restaurants et limonadiers étaient ouverts, à l'exception du café Lemblin, dont les opinions impérialistes résistèrent même à l'appât d'une forte recette.

Au contraire, toutes les autres boutiques étaient fermées, à l'exception du mercier Mothet, qui avait adroitement prévu qu'après une si longue et si fatigante campagne les officiers de l'armée ennemie éprouveraient un vif besoin de porter des gants. Les Galeries-de-Bois et la Galerie-Vitrée, faute de confiance dans la capitulation, étaient plongées dans le silence de la peur et dans les ténèbres de la rancune.

Quand le vin de Champagne, dont M. de Dunow prétendait griser nos opinions, l'eut un peu échauffé lui-même, des révélations lui échappèrent sur le but secret de son voyage à Montmartre.

— Je vous dirai tout, murmura-t-il enfin, comme nous montions lentement la rue du Faubourg-du-Temple. Il paraît que la nuit dernière, après la signature de la capitulation, les drapeaux russes et prussiens suspendus aux voûtes des Invalides ont été brûlés dans la cour de l'hôtel sur un ordre émané du duc de Feltre.

Vous vous rappelez, peut-être, que l'épée et l'écharpe de Frédéric le Grand étaient placées au centre de l'arche qui sépare la nef et le dôme. Le malheur a voulu que la nouvelle de cet auto-da-fé parvint aux oreilles de Blücher ce matin, au moment de l'entrée des souverains dans Paris. Aussitôt, le général est tombé dans un de ces accès de folie furieuse qui ressemblent tant aux désordres cérébraux produits par l'ivresse, qui ne sont que la démence de la victoire et de la haine, et dont les effets, terribles dans le combat, seraient odieux après la bataille. Le roi de Prusse a sagement évité qu'il entrât ce matin avec nous. Blücher occupe la position de Montmartre jusqu'à ce que l'armée de Schwartzemberg ait achevé de franchir la Seine au pont d'Austerlitz et dé s'établir sur la route de Fontainebleau à gauche de l'armée de Silésie. Mais Frédéric-Guillaume est tellement inquiet de la situation d'esprit et de corps de Blücher, que Müffling a dû le relever du commandement tout à l'heure, en sortant de faire sa cour au roi de Prusse : car nous ignorons si les cinquante pièces de douze mises en batterie, le 30, sur la nouvelle route de Montmartre, sont encore pointées sur Paris, et alors...

— Il suffirait d'un moment de frénésie pour que Blücher prît à revers tout le quartier qui s'étend de la rue de Clichy au faubourg Saint-Antoine, rien que la moitié de la capitale!

— Précisément.

— Diable! Et vous allez?

— Je vais, dit mélancoliquement M. de Dunow, user sur ce caractère sauvage de l'unique influence qu'il reconnaisse dans ces orgies de la guerre, de l'ascendant de l'empereur Alexandre, qu'il vénère avec superstition comme un dieu.

M. de Dunow se tut. Je respectai d'autant plus son silence que les abords de Belleville, plongés dans un calme effrayant, dans le sommeil du tombeau, commençaient à prendre, au clair de la lune, un caractère dramatique et une physionomie lugubre qui absorbaient mon attention. La calèche grimpait avec peine dans cette rue montueuse, nos infatigables petits chevaux tartares s'étonnaient que le terrain conquis fût si difficile, et je recueillais avec soin dans mon âme tous les raisonnements connus de l'égoïsme politique pour mettre d'avance ma sensibilité à l'épreuve contre les impressions lamentables qui allaient m'assaillir sur le théâtre encore sanglant et fumant de la lutte.

IV

LE DRAME.

Les guerres de la révolution et de l'empire, mon ami, sont tristement illustrées sans doute dans l'histoire contemporaine par des champs de bataille d'un effet très-lugubre; la diversité des climats ne contribuait pas moins à ces oppositions de coloris et de dessin que celle des intérêts, des mœurs et des peuples. Eylau a eu ses neiges, Austerlitz son soleil, la Moskowa ses redoutes, Aboukir les ruines de Canope, Saragosse ses moines fanatiques. Dans l'Italie, on a vu des soldats français retrouver le chemin perdu d'Annibal; en Syrie, le drapeau tricolore servit de linceul à des pestiférés. La Bérésina sera plus célèbre dans les annales du monde que le Granique et le Rubicon, et si les pyramides d'Égypte durent moins longtemps que le nom de Bonaparte, on reconnaîtra la trace du monument dans la vie du héros. Mais, chose pénible à dire! alors que toutes les batailles de la révolution et de l'empire ont exercé le pinceau des plus grands artistes de la France, quand il s'est trouvé des régimes intelligents pour commander, et de grands peintres pour exécuter le tableau de sa plus belle bataille, Austerlitz, et le tableau de sa plus douloureuse défaite, Waterloo, personne cependant ne s'est chargé d'écrire cette page supérieure par l'élévation des sentiments et par le but des combattants à toutes les pages de l'empire et de la révolution, cette page dont la moralité homérique justifierait presque les fins de la guerre si ce fléau de l'humanité méritait qu'on le justifiât, cette page qu'on nommera toujours la bataille de Paris ! Cet oubli des gouvernements de la France, on le partage encore à l'étranger. Il est vrai qu'à l'étranger comme en France le tableau de la bataille de Paris serait la glorification de l'énergie populaire, énergie qu'on ne voudrait pas assurément plus ranimer aujourd'hui qu'il n'était question de restaurer les Bourbons en 1814.

Je ne croyais pas que nos artistes manqueraient un jour à cet appel gratuit de la patrie lorsque M. de Dunow et moi nous suivions, au milieu d'un profond silence, à neuf heures et demie du soir, le 31 mars, la grande rue de Belleville. De distance en distance nos coursiers de l'Ukraine ralentissaient leur pas pour flairer un obstacle mis en travers de la chaussée. Quand c'était un cadavre russe, ils s'arrêtaient court et n'osaient poursuivre. De pareilles rencontres cependant étaient rares, on avait entassé les morts à droite et à gauche de la rue pour laisser un libre passage, dans l'après-midi, à la circulation des voitures et de l'artillerie, mais on ne s'occupait pas de leurs funérailles.

Les édifices du quartier, ou pour parler plus justement, ce qui en restait intact et debout, n'offraient pas des traces moins horribles de la lutte acharnée de la veille. Comme les boulets ennemis arrivaient du nord de Belleville, généralement de la côte de Romainville et de Chaumont, ils avaient pénétré dans les maisons situées à droite de la Grande-Rue par les fenêtres et donné en plein dans les murs de fond qui presque tous étaient détruits, tandis que la façade demeurait entière. Cette bizarre fantaisie du combat surprenait quelques habitants qui erraient çà et là dans les décombres, et qui contemplaient au clair de la lune, en prenant une foule de précautions, l'état de leurs propriétés. Beaucoup de chariots de transport, ce que vous appelez des tapissières, stationnaient sans bruit dans les ruelles écartées, et les plus inquiets de ces pauvres gens délogés temporairement par l'artillerie, y chargeaient avec l'impatience de la peur ce qu'ils pouvaient retirer de leurs meubles enfouis sous les ruines. Le bouleversement devenait plus sensible à mesure que nous approchions de l'extrémité de la Grande-Rue, de l'enceinte du Parc Saint-Fargeau. C'est là que toutes les maisons avaient été pillées : il n'y restait pas un volet. Le feu même prit durant la bataille à la maison n° 136, pensionnat de jeunes filles, au coin de la rue Thierry ; les poutres y brûlaient encore, et on apercevait les ailes d'un des trois moulins qui sont de ce côté du village, tourner toujours au vent, bien que le canon des Russes eût emporté une partie de sa cage.

Quand nous fûmes en vue des Prés Saint-Gervais, M. de Dunow fit arrêter la calèche. Nous parlions à voix basse, comme si tous ces morts nous entendaient ; le cocher, profitant du répit, s'agenouilla dans l'herbe et récita une prière.

— Voici, me dit M. de Dunow en montrant la butte Chaumont à gauche, l'endroit où tant de braves gens ont péri pour *votre Bonaparte*.

— Et pour le droit divin, ajoutai-je ironiquement.

— Ah ! monsieur, ce fut une épreuve bien affreuse pour tout le monde ! reprit l'officier russe ; mais la position des troupes combinées était trop critique pour que votre capitale ne fût pas forcée, coûte que coûte, dans les vingt-quatre heures. Elles s'avançaient presque sans munitions, vivant au jour le jour sur le pays occupé, dans l'ignorance absolue du véritable état de Paris, que les proclamations, les journaux et les bulletins disaient préparé de longue main à toutes les éventualités d'un siége. Les souverains avaient à lutter contre l'impatience vaniteuse de leurs généraux et contre les embarras politiques de la guerre. Si l'état de Paris était d'un vague peu rassurant, on savait très-bien que des instructions, parvenues aux places du Rhin et de la Moselle, recommandaient à leurs garnisons de prendre la campagne à un signal convenu. Ce demi-million d'hommes, concentré dans les plaines du Soissonnais, qui n'avait pas vu semblable entassement de conquérants septentrionaux depuis les temps d'Attila, était en outre sourdement harcelé par l'insurrection attendue des paysans de la Lorraine, de la Champagne, de l'Alsace, de la Franche-Comté et de la Bourgogne. Plusieurs de nos convois avaient disparu dans les Vosges, et ce n'était pas sous la neige des montagnes. On avait découvert à Mulhausen un complot où il s'agissait de se défaire de la garnison, de brûler le pont de Bâle et de délivrer Huningue. Il est vrai qu'en opérant leur jonction, Blücher et Schwartzemberg poussaient en ligne devant Paris, seulement comme avant-garde, cent quatre-vingt mille baïonnettes, tandis que Raguse et Trévise, épuisés par le combat sanglant de La Ferté-Gaucher, ne devaient pas réunir vingt mille hommes de toutes armes. Cependant, les chances n'étaient pas encore égales : la subite approche de Bonaparte, au milieu de l'exaltation de la résistance et au foyer de tant de ressources, pouvait changer en un clin d'œil la fortune de la bataille ou du siége! Que Napoléon fût parti de Troyes en poste le 30 au matin, et il arrivait à Paris à deux heures, avant qu'on eût cessé le feu. Mais il attendit à Fromenteau des nouvelles : les nouvelles furent que la capitulation était signée.

« Alexandre et Frédéric-Guillaume, malgré l'imprudence de cette résolution, marchèrent sur Paris avec la plus grande célérité. On ne s'arrêtait que pour tenir des conseils où la vieille expérience de Schwartzemberg luttait en vain contre la jactance de Diébitsch, de Pozzo di Borgo et d'Iermoloff. Au quartier-général de Pougy, dans l'Aube, le comte Michel Orloff se présenta au conseil en grande tenue.

« — Comte, lui dit Alexandre étonné, il n'y a pas de revue aujourd'hui.

« — Je le sais bien, sire. A quelle heure Votre Majesté veut-elle entrer dans Paris?

« La réponse était significative, continua M. de Dunow, et les empereurs n'aiment pas à trop contrarier l'aristocratie militaire. C'était à qui des Russes, des Prussiens et des Autrichiens verraient le plutôt l'horizon de cette ville fameuse, où depuis la trahison d'Isabeau de Bavière, n'avait flotté aucun pavillon ennemi. On a prétendu que Schwartzemberg avait ralenti le mouvement du troisième corps de la grande armée, celui du général Giulay, par suite d'un ordre secret de l'empereur François, qui lui défendait d'envoyer ses troupes à l'assaut d'une capitale où régnait peut-être encore sa fille. Pour ma part, vicomte, je n'en crois rien, et mon opinion s'appuie du fragment d'une lettre confidentielle de M. de Metternich au duc de Vicence, en date du 15 mars, écrite au congrès de Châtillon, et dans laquelle ce ministre de François s'écriait dans des termes à peu près aussi durs que ceux-ci :

« — ..... Toute paix est impossible. Les armées décideront du sort de l'Europe et de la France. L'empereur mon maître, monsieur le duc, souffre étrangement de la pénible fortune de sa fille ; mais cela ne fait qu'irriter ses justes ressentiments envers l'empereur Napoléon. Plus les questions politiques seront compliquées, plus elles deviendront personnelles, etc.

« Vous voyez, reprit M. de Dunow, que le retard du corps autrichien du général Giulay n'était qu'une conséquence fort imprévue des événements stratégiques. Après un dernier combat à Livry, Alexandre et Frédéric-Guillaume portèrent le 30 mars leur quartier général au château de Bondy, à deux lieues des faubourgs, et nos avant-postes même s'étaient montrés dès la veille à Aubervilliers et à Villemomble. Tout se préparait au point du jour, hier matin, pour l'attaque des hauteurs du nord et de l'est, et je reconnais volontiers que ce plan ne fait pas honneur à notre généralissime, le prince Schwartzemberg, puisqu'il était si facile de tourner la ville par la route de Neuilly. C'est à ce moment que M. Peyre, capitaine du génie, attaché à l'état-major de la place de Paris, surpris par nos coureurs dans la nuit aux environs d'Aubervilliers, fut conduit au quartier-général. Il parut à l'audience de l'empereur de Russie, à l'issue du premier conseil tenu dans le salon du château de Bondy. L'instant n'était pas favorable.

« En effet, une suite de contrariétés graves et diverses bourrelait l'esprit d'Alexandre. Le corps du prince royal de Wurtemberg devait donner le signal de l'attaque générale de Paris à la barrière du Trône. A sept heures on apprit que les hussards de l'avant-garde ne paraissaient pas encore. Il en était de même des troupes du général Giulay. Le feld-maréchal Blücher venait en outre de mander à Schwartzemberg que l'armée de Silésie, accourant par le chemin de Soissons, ne se trouverait en ligne à notre droite que vers neuf heures. D'un autre côté, Raguse et Trévise, par point d'honneur militaire, avaient refusé les parlementaires des souverains pour ne pas qu'il fût dit que l'armée française avait rendu Paris sans combat. J'étais auprès du prince Wolkonski, à quelques pas de l'empereur, lorsque M. Peyre fut introduit par Schwartzemberg. Alexandre lui parla d'un ton brusque.

« — Monsieur, vous étiez sans trompette, avec un seul gendarme d'ordonnance. Est-ce là l'escorte d'un parlementaire ?

« — Sire, je viens de la part du général Hullin,

gouverneur de Paris, afin de connaître les motifs qui déjà vous ont fait refuser deux de ses parlementaires.

« — Comment n'avez-vous pas d'instructions écrites? je crois plutôt que vous veniez examiner nos lignes.

« — Sire...

« — Il m'est permis de tout supposer, car les officiers d'origine française, qui font partie de mon état-major, m'ont assuré qu'il existait dans Paris six autorités militaires différentes qui ne dépendaient en aucune façon l'une de l'autre.

« — Cela est un peu vrai; pourtant...

« — Excusez-moi de vous interrompre. Vous venez, dites-vous, de la part du général Hullin, gouverneur de Paris, qui s'étonne du refus de ses parlementaires. Eh bien, les ducs de Trévise et de Raguse ont refusé les miens hier soir. Pour peu que le duc de Feltre, ministre de la guerre, le duc de Conégliano commandant de la garde nationale, et le comte Ornano, chef du dépôt de la garde impériale, veuillent parlementer aussi, comment ferons-nous pour nous entendre? Du reste croyez-vous que Paris se défende?

« — Je suis surpris que votre majesté me fasse une pareille question, répondit l'officier avec assez de présence d'esprit.

« — C'est bien, monsieur! A propos, l'empereur Napoléon est-il à Paris?

« — Non, sire, dit M. Peyre stupéfait.

« —L'impératrice Marie-Louise est-elle partie?

« — Oui, sire.

« — Tant pis!

« Il y eut comme un saisissement général à ces derniers mots. Jamais Alexandre ne s'était plus directement expliqué dans le cours de la campagne sur ses inclinations secrètes pour Napoléon. Après quelques minutes de silence, on entendit la canonnade retentir subitement du côté de Paris. Tout le monde dans le salon était immobile et comme glacé. Alexandre, à ce bruit sinistre, se leva mélancoliquement, et, s'approchant de M. Peyre, lui dit d'une voix émue :

« — Je n'attends pas l'armée de Silésie, je commence l'attaque, je n'écoute rien. Mais permettez-moi de vous montrer nos troupes. C'est un spectacle qui peut vous être utile.

« A cette invitation du czar, on se précipita hors du salon. Bientôt nous fûmes tous à cheval et groupés derrière Alexandre, qui donnait lui-même sur nos forces, à l'aide-de-camp du général Hullin, les plus minutieux renseignements. A mesure que les bataillons russes, divisions Helfreich et Mesenzow, du corps de Rajewski, débouchant de la forêt de Bondy sur deux colonnes, défilaient devant Barcklay de Tolly pour monter à l'assaut de Belleville, Alexandre montrait leurs masses à M. Peyre. L'officier français n'en fut pas troublé. Alexandre, mécontent de son sang-froid, reprit avec un peu d'amertume :

« — A neuf heures, nous aurons cent quatre-vingt mille hommes en plaine; et ce n'est que l'avant-garde. Toute résistance serait donc vaine. Dites à *ceux qui vous envoient* (Alexandre évitait de nommer Joseph) que le général Barclay de Tolly sera toujours prêt à recevoir aux avant-postes les parlementaires qui voudront traiter d'une capitulation, lors même qu'on se battrait dans les faubourgs. Mais, si l'enceinte de la ville est forcée l'épée à la main, nous ne serons plus maîtres du soldat. Partez, monsieur; le sort de Paris est entré vos mains.

« A ces mots, Alexandre, qui est un homme prévoyant, lui fit remettre un paquet de proclamations; M. Peyre s'inclina, prit congé d'Alexandre, et, marchant avec l'état-major, pénétra dans Pantin avec les gardes russes. Il était accompagné de deux trompettes et d'un officier général. Malgré cette escorte, on ne pouvait arrêter, pour qu'il passât, le feu déjà très-vif. Il fallut que M. Peyre et son gendarme d'ordonnance affrontassent la grêle des balles, dont plusieurs percèrent leurs habits. Mais votre officier comprenait l'importance des paroles d'Alexandre; et il rentra dans les lignes françaises. Alors le canon tonna sur notre gauche avec plus de force, les grenadiers russes de Lambert atteignaient Romainville, et le maréchal Marmont, prenant hardiment l'offensive, engageait ses tirailleurs jusqu'à Montreuil. Laissez-moi maintenant vous donner une idée du champ de bataille. »

En parlant ainsi, mon cher enfant, l'aide-de-camp du prince Wolkonski me saisit par le bras et m'entraîna péniblement à pied sur la crête de cette pente de Chaumont où bien souvent, lorsque vous étiez encore au collége Louis-le-Grand, il s'agissait moins pour vous d'écrire sur nos désastres que de moissonner des lilas. Notre ascension ne fut pas aussi rapide, sans doute, que l'était la vôtre; nous avions dans le cœur le sentiment du deuil immense qui enveloppait comme d'un drap mortuaire cette plaine riante de Bondy. M. de Dunow grimpait avec une sûreté, dans la direction, qui m'étonna beaucoup.

— Vous connaissez mieux le terrain, lui dis-je, qu'un habitant du faubourg du Temple. Êtes-vous donc déjà venu à Paris?

— Hier au soir, à six heures, j'ai parcouru le champ de bataille à la suite de l'empereur de Russie qui s'était porté à Belleville pour convenir lui-même de la suspension d'armes avec les délégués du maréchal Marmont. Nous nous placerons à l'endroit même d'où Alexandre a jugé l'impétuosité de l'attaque comme la bravoure de la résistance.

M. de Dunow s'arrêta sur la butte à cinq cents pas environ de la route de Belleville aux Prés Saint-Gervais. Les cadavres français, russes, prussiens, Wurtembergeois et badois couvraient le plateau incliné qui s'étend par ondulations égales, comme une suite de bastions naturels, de la barrière de Pantin au bois de Romainville, où il forme saillie sur la plaine. C'était l'arène du choc le plus sanglant de la bataille. Les morts étaient plus nombreux sur la côte de Romainville ; on en trouvait moins au centre du demi-cercle, sous les murs du parc Saint-Fargeau ; ils devenaient plus rares à l'extrémité de la butte Chaumont, au-dessus de la barrière de Pantin. Ces inégalités du carnage tenaient d'abord à ce que la bataille ne s'était jamais interrompue à Romainville, et ensuite à ce que les avenues de la Villette, inondées par des coupures habilement faites au bassin, avaient rebuté l'ennemi, qui s'était de préférence porté sur l'est. On reconnaissait les cadavres français, déjà dépouillés, aux taches bleues que leurs habits avaient laissées sur leurs chemises. Leurs figures avaient gardé l'expression du courage indigné qui les animait à un si haut degré dans cette lutte solennelle.

Avant de reproduire d'une façon très incomplète la description de M. de Dunow, je devrais, mon ami, vous entretenir au moins de la défense. Mais il n'est pas facile d'imiter quelques historiens modernes de l'Allemagne et de la Russie qui font de la stratégie comme Tite-Live faisait de l'histoire, avec leur imagination. Je suis l'homme le plus sec, le plus incolore du monde ; c'est ce qui m'a valu tant de célébrité pour le protocole. Nous avons rencontré un parc de cent pièces d'artillerie au Champ-de-Mars ; il y en avait en outre quatre-vingts d'un fort calibre à Meulan, venus du Havre et restés là en dépôt, qu'on se garda bien, dit-on, de faire venir par eau jusqu'à Paris. Mais c'est un bruit indigne de la gravité de vos travaux sérieux ; d'ailleurs évitez de me compromettre. Je vous certifie toutefois que les sept mille quatre cents hommes du corps de Marmont appartenaient à *cent soixante-*

dix bataillons différens ! Ce mélange peint avec des couleurs bien sombres l'extermination de nos dernières compagnes. Il y avait des bataillons même où ne restaient plus que vingt-cinq hommes ; un du 16ᵉ présentait sur le terrain six officiers et soldats. La plupart des officiers se tenaient dans les rangs et fesaient le coup de fusil.

A l'extrême droite, la cavalerie du duc de Raguse était en bataille entre Charonne et Montreuil : la division Chastel en première ligne, les deux du général Bordesoulle en seconde. Dix pièces de canon, formant deux batteries et servies par des conscrits, défendaient la butte de Fontarabie, sur la route de Montreuil, et la hauteur de Mont-Louis, en flanc du chemin de Charonne à Ménilmontant. Le général Ricard, à ce qu'il me semble, commandait une réserve dans le Parc de Bruyères ; il y avait là une batterie, sur la butte Beauregard. On vous aura parlé des trente-huit pièces de M. Paixhans, aujourd'hui député. Cette batterie, servie par des artilleurs de la marine, au-dessus des Prés-Saint Gervais couvraient le débouché entre Pantin et Romainville ; et plus bas, à la hauteur de l'endroit où jadis on abattait les chevaux, il y avait quatre bouches à feu qui enfilaient les bords du canal. La division Lagrange, en avant du Parc de Bruyères, était à cheval sur la route de Belleville à Romainville ; à l'extrême gauche, le général Boyer formait tête de colonne en arrière de Pantin. Enfin la division Ledru couronnait, au centre, les hauteurs des Prés, et, tandis que le général Compans garnissait de tirailleurs le bois de Romainville, les brigades Chabert, Clavel et Pelleport, occupaient ce chemin de la crête où, pour le moment, un passant n'eût aperçu du village que M. de Dunow et moi debout, au clair de la lune.

Les dispositions du duc de Trévise me sont absolument sorties de la mémoire. On avait bien dressé à Montmartre, au moulin de la Lancette, une batterie de six canons et de deux obusiers, et une batterie de deux obusiers, pour commander les avenues de Clichy et de Saint Ouen, à la butte des Gardes ; mais je crois qu'elles n'ont tiré qu'à dix heures sur l'armée de Silésie. Il me semble que le général Christiani tenait Clignancourt et la Chapelle ; pourtant, je ne vous le garantirai pas. Quant à la Villette, la redoute de la ferme de Rouvroy s'est fait une place à la fois glorieuse et lamentable dans les annales de 1814. On dit maintenant en Prusse, en parlant d'un jeune homme de grande espérance, mais tué à l'attaque de Paris : Il était à la prise de cette fameuse redoute, sur les bords du canal de la Villette. Voilà assurément une contre-partie fort triste d'un mot célèbre de Napoléon.

C'est à la ferme de Rouvroy que se présentèrent entre six et sept heures du matin les deux colonnes parties de Bondy sous les yeux de M. Peyre. L'une, conduite par Lambert, donna l'assaut à Belleville avec beaucoup de vigueur ; l'autre, dirigée par Barcklay de Tolly en personne, se fit très-froidement écraser entre Pantin et la Redoute. Alors le prince de Schwartzenberg, un peu étonné que les gardes russes, l'élite de la grande armée, ne fussent pas déjà devant son hôtel de la rue du Mont-Blanc, ordonna que les réserves, commandées par Rajefski, emportassent ces dix-huit canons de la ferme qui gênaient l'entrée du comte Michel Orloff. Les réserves prirent et reprirent deux fois Pantin ; mais le général Compans, sur les ordres du duc de Raguse, rentra vers neuf heures dans les Prés-Saint-Gervais et n'en bougea plus. On ne lui avait pas fait un seul prisonnier.

— C'est vrai ! me dit avec un geste flatteur M. de Dunow, auquel je rappelais un peu vaniteusement ce premier épisode comme nous nous promenions sur la butte, c'est vrai, monsieur ! aussi vous représenteriez-vous difficilement l'anxiété de l'empereur de Russie à ces débuts de mauvaise augure. Il envoyait à tout moment des coureurs sur la route du Bourget pour savoir si l'avant-garde de l'armée de Silésie se montrait en plaine. A neuf heures et demie le feu même cessa, tant l'agitation du souverain avait passé à ses lieutenants. Lambert et Rajefski, vivement apostrophés par le grand-duc Constantin, pleuraient de rage; le prince Eugène de Wurtemberg, qui avait à prendre sa revanche de Montmirail, était exaspéré, et chargeait lui-même l'épée à la main comme un officier de tirailleurs. Tout à coup, des détonations répétées, éclatant vers La Chapelle, nous apprennent que la batterie de Montmartre salue l'avant-garde de Blücher. Un frémissement électrique parcourt les lignes russes et se fait sentir même dans les rangs opposés. C'était l'armée de Silésie !

M. de Dunow parlait avec exaltation. Je n'attendais pas, dans son récit, cette entrée de Blücher avec moins d'impatience qu'Alexandre ne l'attendait lui-même sur le champ de bataille. Mon compagnon de promenade s'était assis sur un affût brisé de Marmont. Il me semblait voir tous les morts de l'armée de Silésie couchés dans la plaine se redresser à l'horizon pour entendre une narration qui ne pouvait être, dans la bouche de M. de Dunow, que leur oraison funèbre. D'autres préoccupations augmentaient encore pour moi la solennité de cette visite.

Les Bourbons furent restaurés en France par une guerre de principes républicains : tel sera l'éternel mystère de l'histoire de 1814. La Providence a rarement eu des caprices plus bizarres ou des ironies mieux calculées. Vous ignorez peut-être que la reine Louise de Prusse mourut, après la bataille d'Iéna, frappée au cœur par la honte de sa patrie. C'est quelque chose de beau qu'une jeune femme qui périt de cette mort ne soyons pas surpris qu'à Breslau, sous l'impression de cette fin tragique et en mémoire de leur bien-aimée Louise, les Prussiens aient formé l'armée de Silésie; ne soyons pas surpris qu'ils aient juré à ses mânes d'emporter d'assaut notre Paris : les sentiments de liberté sont solidaires entre tous les peuples, même entre des peuples ennemis. Ce que nous fûmes en 1792, les Prussiens l'ont été en 1813. Chacun son tour. On vit à Breslau des jeunes filles vendre leurs chevelures pour souscrire aux frais de l'équipement; tous les anneaux de mariage furent déposés sur l'autel de la patrie, et le gouvernement distribua en échange des bagues d'acier avec cette inscription :—*J'ai changé de l'or pour du fer.*

Jahn, maître de pension, l'un des plus ardents promoteurs de la levée en masse de l'Allemagne contre la France, était dans l'usage de conduire ses jeunes élèves à la promenade du côté de la Porte de Brandebourg, à Berlin. C'était à la Porte de Brandebourg que Bonaparte avait emprunté les quatre chevaux qu'il fit placer sur l'Arc du Carrousel. Lorsque Jahn était arrivé à cette porte, il disait au plus raisonnable de ses élèves.

— Mon garçon, à quoi pensez vous maintenant?

« — Maître, répondait par exemple le pauvre enfant, je pense que c'est l'heure où ma mère au logis avait coutume de m'embrasser.

A ces mots, Jahn donnait un soufflet à son disciple, et il accompagnait la correction d'un discours dont les pédagogues de Rome et d'Athènes eussent fait leur profit.

— Ce n'est point à votre mère, disait-il, que vous devez penser, mais aux quatre chevaux qui étaient jadis sur cette porte et qui n'y sont plus. Vous devez penser aux moyens de les reprendre des mains des Français et de les replacer un jour à cet endroit qu'ils n'avaient jamais quitté !

Voilà par quels propos s'enflammaient les

âmes; la Silésie était une Lacédémone. Jamais réunion d'hommes de guerre ne fut plus étrange. Des milliers de volontaires s'échappaient des ateliers, des comptoirs et des bureaux pour la rejoindre. Il y avait dans cette armée des professeurs avec leurs classes, des femmes déguisées en soldats, des déserteurs hollandais, westphaliens et *Altmarkers* (paysans du vieux Brandebourg); des chasseurs tyroliens de Riedl et d'Ennemoser, des anglais et des hanovriens du corps de Walmoden, des débris des hussards noirs de Lutzow, des étudiants et des artistes aux yeux d'un bleu céleste et aux mains blanches, enrôlés tous avec enthousiasme sous le drapeau du *Deutschstarm,* du *tocsin de l'Allemagne.*

—Quand les généraux Bulow, Kleist et Yorck parurent sous La Chapelle, reprit M. de Dunow, à la tête des premières colonnes de cette armée, l'état-major d'Alexandre se trouvait en avant de Bondy, près du Brichet. L'armée de Silésie manœuvrait en éventail pour se substituer aux lignes russes depuis Clignancourt jusqu'à Romainville. A la vue de ces jeunes gens qui traversaient au pas de course nos vieilles bandes écharpées, un sentiment inexprimable de pitié me serra le cœur. Du côté de Paris, sur les hauteurs, un silence effrayant. Avec de bonnes lunettes, nous apercevions les grands fusils d'infanterie de vos vieux grognards immobiles et droits sur le fond gris du ciel, derrière les retranchements informes de la butte. Ici, dans le ravin, les maisons des Prés Saint-Gervais, où se barricadait Compans, semblaient muettes et désertes : on n'y voyait plus un tirailleur. Partout l'étouffante anxiété qui précède l'ouragan.

« L'armée de Silésie au contraire se précipitait sur Paris avec de bruyantes acclamations. Les noms de Frédérick Guillaume, de la reine Louise, de la princesse Wilhelmine, de Blücher et de Korner, se croisaient dans l'air et retentissaient au-dessus de ces divisions couvertes de boue et de poussière avec une lamentable énergie. Ce n'était pas alors le dialogue symbolique du *cavalier et de l'épée*, hymne d'un lyrisme tout idéal, qu'on ne peut réciter que sous la treille et le verre en main; c'étaient plutôt les refrains sinistres de la *chasse noire* de Lutzou que les prussiens envoyaient par lambeaux discordants et haletants à travers la plaine, en se tenant à bras le corps, en agitant leurs schakos au bout du sabre :

« —.... Ne pleurez pas nos morts, disaient-ils, ô femmes qui nous aimez! La patrie est libre : qu'importe ce peu de sang qui coule! on dira de siècle en siècle : ce fut un hussard de la chasse sauvage, de la chasse de Lutzou!

« Lambert et Rajefski, acculés dans Pantin par le général Compans, profitèrent de cet élan pour reformer leurs colonnes. Les grenadiers de la Moscowa se mêlèrent en frémissant aux élèves des Universités de Hall et de Gœttingen. L'assaut fut résolu en même temps sur Montmartre par Blücher, sur la Villette par Kleist et Yorck, sur Belleville par Barclay de Tolly, sur les Prés Saint-Gervais par Lambert et Rajefski, sur Romainville par le prince de Wurtemberg. C'était le troisième effort de la matinée et il n'était pas dix heures. Eugène de Wurtemberg harangua les Russes, Barclay de Tolly se fit attacher sur son cheval, et on renforça l'extrême gauche par la garde badoise. Bientôt, au tonnerre de l'artillerie, au fracas des obus et des bombes, à la fanfare des trompettes, il s'élança de notre ligne entière un reflux en demi-cercle d'hommes et de baïonnettes sur les hauteurs. On eût dit que cette vague immense, arrachant les canons de leurs embrâsures, et le faubourg lui-même de sa ceinture de pierre, allait niveler l'horizon, effacer Belleville et jeter de Bondy sur Paris un pont gigantesque de batteries culbutées. Je fermai les yeux!

« A ce moment, les maisons des Prés Saint-Gervais, démasquant leurs gardes nationaux embusqués, éclatèrent à la fois comme des volcans de mitraille. En quelques minutes, toute sa verdure s'abima dans un nuage de fumée. Le duc de Trévise attendait les Prussiens au passage du canal; il répéta le salut de la batterie de Montmartre, tandis que le général Compans, faisant la navette à travers leurs murailles vivantes, avec sa poignée de braves, balayait à chaque trouée ce repli de terrain où vous voyez tant de corps de chevaux entassés, entre Chaumont et Pantin. A huit heures, dans ce village, on s'abordait encore à la bayonnette; à onze heures, aux Prés-Saint-Gervais, on se poignardait, on se déchirait; on s'écrasait à coups de crosses, de bâtons, de lances, de chassis de fenêtres, de portes arrachées et d'échalas de clôture. Les Français, réduits au désespoir, exténués par cinq heures de combat, n'ayant ni réserves ni ambulances, expirant de leurs blessures sur le pavé de Paris quand ils y rentraient, d'ailleurs un contre dix, s'abandonnaient tête baissée, du haut de la butte, à toute l'impulsion de la pente, et plongeaient avec tant de furie dans le plus épais du flot qu'ils ramenèrent plusieurs fois les troupes coalisées jusqu'au bassin de la Villette. Mais comme la retraite était impraticable, les Prussiens retombaient en masse sur les Français; et alors rien de plus douloureux que de voir cette foule de jeunes fanatiques et ces débris des vétérans de l'empire, s'exaltant par la noble démence de leur sacrifice même, s'entretuant sous nos regards pour une cause qui les passionnait tous d'un dévouement égal, pour l'indépendance de la patrie! »

La voix de M. de Dunow s'altérait; il fit une pause et son front se pencha, appuyé sur ses mains, vers les Prés Saint-Gervais, dans une sorte de pieux recueillement. C'était pourtant un Russe, mon ami, qui parlait sur ce ton là! Je partageais d'autant plus son émotion que les scènes de l'intérieur de la ville, durant cette journée du 30, avaient marché parallèlement, comme péripéties au-dessus de toute analyse, avec les incidents fantasques de la bataille.

A neuf heures et demie, quand la canonnade se ralentit un peu, le roi de Westphalie et Joseph Bonaparte, qui avaient leur quartier-général au Château-Rouge (pavillon situé sur un mamelon fort innocent de Montmartre), envoyèrent à Belleville M. Édouard Hocquart, officier de la garde nationale, pour s'enquérir de la position du duc de Raguse. Marmont était alors, avec quelques escadrons de cuirassiers, en avant de Montreuil, près de Bagnolet. Monsieur Hocquart lui dit assez naïvement :

— Monsieur le maréchal, il y a si longtemps que nous ne nous sommes vus que vous ne me remettez pas. Je suis le petit-fils de Mme Poubat.

— Ma foi, mon cher, c'est bien possible, mais vous m'avouerez que nous renouvelons connaissance dans un fichu moment.

Le duc de Raguse étendit son épée du côté de la plaine et lui montra l'armée de Silésie qui s'avançait sur trois colonnes sombres et menaçantes entre Villemonble et Noisy.

— Il y a là maintenant cent quarante mille hommes, ajouta Marmont en raidissant le bras du côté de l'ennemi, et je n'en ai plus que six mille! Des invalides, des dépôts et des étudiants! Vous direz au prince Joseph qu'à midi le plateau de Romainville sera forcé; qu'il m'envoie des renforts.

— Des renforts? s'écria l'ex-roi d'Espagne, quand M. Hocquart revint au Château-Rouge; où diable veut-il que j'en prenne!

Joseph y mettait de l'humeur, parce que M. Peyre, durant le voyage de M. Hocquart, était arrivé au quartier-général et que le prince avait ouvert le fameux paquet de proclamations expédié d'une façon si originale par Alexandre. Il y avait là le prince Jérôme, le duc de Feltre, les généraux Hullin et Maurice Mathieu. On se rassembla curieusement autour d'une table, et ce ne fut pas sans dépit que le chef du conseil de Régence prit lecture de ce manifeste de Schwartzemberg qui devait renverser Napoléon et restaurer les Bourbons tout en ne parlant ni de l'un ni des autres. Sous ce rapport, il est un chef-d'œuvre de littérature diplomatique.

Une proclamation aussi claire, le rapport du capitaine du génie, les paroles désespérées de Marmont, les obus de Blücher qui pleuvaient déjà autour du pavillon, tout cela fit réfléchir le prince Joseph. Le chef de l'état major de la garde nationale de Paris, M. Allent, vint encore lui confirmer la situation critique des maréchaux. On a généralement paru surpris qu'il ne fût pas mort au Château-Rouge comme un héros. Ce n'était pas sa place. Au lieu de périr sans utilité réelle, il envoya sur-le-champ, par le général Stroltz au duc de Raguse, le billet suivant qui ne compromettait personne et où vous remarquerez le style de la plus scrupuleuse étiquette :

« Si M. le maréchal duc de Trévise et M. le « maréchal duc de Raguse ne peuvent plus « tenir leurs positions, ils sont autorisés à en- « trer en pourparler avec le prince de Schwart- « zemberg et l'empereur de Russie qui sont « devant eux. Ils se retireront sur la Loire. »

Quand cette autorisation parvint à une heure au duc de Raguse, Compans tenait toujours dans les Prés ; le bois de Romainville était forcé, mais la batterie de huit pièces, entre Belleville et le Père Lachaise, contenait les Russes de Gorschakoff; le duc de Trévise n'avait pas perdu un pouce de terrain ; la ferme de Rouvroy masquait encore d'un feu terrible le chemin de Bondy ; Chaumont arrêtait Barcklay de Tolly avec autant de vigueur qu'à sept heures du matin. L'armée de Silésie enfin était repoussée comme la garde russe! Trévise, Paixhans et Compans se couvraient de gloire. Ce fut alors le tour de Marmont, et pour commencer, il mit le billet de Joseph dans sa poche, où il l'oublia.

Il y avait eu dans le récit de M. de Dunow trop de généreux entraînement pour que la magie de ces souvenirs ne fût pas ranimée par le spectacle des lieux qui en avaient été le théâtre. Je m'éloignai de quelques pas et m'avançai seul au bord de la butte pour me pénétrer solitairement des leçons imposantes que les vestiges du combat m'offraient encore.

A mes pieds, les jardins et les potagers des Prés-Saint Gervais étaient semés de groupes noirs qu'éclairait par intervalles une faible lueur rouge. On les voyait cheminer dans les terres avec une lenteur infinie pour éviter les monceaux de bouteilles vides et brisées qui marquaient la place où les grenadiers russes avaient campé la nuit dernière au-dessous de Chaumont. C'étaient les locataires des maisons du village qui se hâtaient de profiter de la première nuit où leurs enclos se trouvaient libres pour ensevelir les morts dont ils étaient encombrés. A la clarté d'une lanterne, ils creusaient des fosses à fleur de terre, y jetaient pêle mêle les victimes du grand désastre, et quand la fosse était recouverte d'une pelletée tout au plus, ils éteignaient leur lumière pour se disperser ensuite dans les ténèbres et se retirer discrètement dans leurs lits. Ces singulières funérailles étaient saluées par l'écho lointain du canon de Vincennes, dont le gouverneur Daumesnil tenait toujours contre les alliés.

Plus près de moi, sur l'inclinaison même de la colline, dans la cour d'une guinguette, on reconnaissait à certains signes une espèce d'asile, où, par un accord tacite, les blessés des deux partis devaient se retirer durant la bataille pour expirer tranquillement. Il y avait là entre autres un cuirassier de Marmont dont l'attitude me frappa. Cet homme était assis à terre, le long du mur, comme plié par l'agonie, et tête nue. Son crâne chauve luisait à la lumière blanche de la lune, et d'énormes moustaches grises descendaient sur sa poitrine, où brillait encore l'étoile de la Légion-d'Honneur. Des linges ensanglantés bandaient ses cuisses à la hauteur des genoux, et, comme l'extrémité des jambes disparaissait sous une touffe de lilas, tout indiquait une blessure affreuse, une mutilation complète par le boulet. Le soldat avait les deux bras étendus, un peu raides, dans la situation d'un vieillard qui bénit. Effectivement, sur la verdure dont la moitié de son corps était couverte, j'aperçus une chevelure blonde, bouclée, qui se déroulait à la hauteur de ses mains noircies de poudre. C'était un jeune volontaire prussien qui s'était traîné jusqu'au cuirassier. Le malheureux enfant avait eu la force et le temps de l'implorer. Ils étaient morts en se pardonnant.

Cependant, je fis observer à M. de Dunow que la nuit s'avançait et qu'il me restait peu de temps pour le suivre à Montmartre et me trouver ensuite avec ponctualité au rendez-vous mystérieux du faubourg Saint-Honoré. Nous reprîmes donc la voiture qui stationnait sous les murs du parc Saint-Fargeau, et l'aide-de-camp du prince Wolkonski donna ordre en langue russe à son cocher tartare de suivre les boulevards extérieurs le long de l'enceinte de Paris, où il était le plus probable de ne rencontrer aucun obstacle à la vitesse de ses chevaux.

Ce chemin était solitaire. On n'y remarquait de distance en distance que les tambours de bois construits par les ingénieurs chargés de la défense pour protéger l'entrée des barrières. Dans la soirée du 30, les Prussiens y avaient pratiqué des brèches à coups de sabre pour y insinuer des paquets de la proclamation du prince Schwartzenberg, dont le succès littéraire préoccupait autant les simples soldats que les monarques alliés. Je me convainquis par mes yeux, sur ces boulevards, du prix auquel s'achète la gloire militaire. Si les morts couvraient les hauteurs, les blessés généralement s'étaient traînés en arrière des lignes sur cette chaussée qui les rapprochait des secours de la capitale, mais la plupart depuis quarante-huit heures n'avaient pas reçu un verre d'eau. Dans les environs de la barrière Saint-Denis nous aperçumes un cosaque trottinant dans la contre-allée, qui rôdait autour d'un blessé prussien avec une expression de pitié toute particulière. A la fin, il arma un de ses pistolets et ajusta le blessé à la tête. Mais le pistolet fit long feu ; le Prussien échappa au traitement expéditif de son ami politique. Durant cette étrange scène. M. de Dunow avait saisi le fouet de son cocher, et il frappa du manche sur le dos du cosaque de manière à me persuader facilement que ce système de chirurgie n'était pas dans les opinions de l'empereur Alexandre. M. de Dunow y mettait même tant d'amour-propre que dans l'intérêt du manche comme du cosaque je suspendis la démonstration. Après cela le Prussien aurait peut-être préféré qu'on lui cassât la tête, mais il ne fut pas consulté.

Le cosaque prévint l'aide-de-camp russe qu'une sorte d'émeute attroupait à l'heure même la population du faubourg dans la grande rue de la Chapelle et qu'il n'était pas prudent d'y passer en calèche. M. de Dunow n'eut rien de plus pressé que de s'y rendre.

Il s'agissait tout uniment d'une inscription lapidaire qu'il n'avait pas été à la hauteur du cosaque de comprendre. Les préliminaires de la capitulation de Paris avaient été signés, la veille, à cinq heures, par M. de Quelen, aide-de-camp du général Compans et frère de l'ancien archevêque, à la Chapelle, dans la seconde maison, à gauche, en sortant de la barrière Saint-Denis. Je ne sais pas quel rôle joue maintenant cet édifice : il y a si longtemps que je ne suis sorti du faubourg Saint-Germain, même en voiture ! Mais le 31 au soir, quand nous traversâmes la grande rue, les habitants royalistes du quartier avaient obtenu du propriétaire de cette maison qu'un badigeonneur grimpât sur un échafaudage et y traçât avec un pinceau de colleur, à la clarté des flambeaux, ce monument grivois d'une révolution politique :

>   Au petit Jardinet
>   l'an 1814
>   Ici le 30 mars (jour
>   à jamais prospère)
>   pour le bonheur
>   de notre nation
>   la plus sage capitulation
>   aux Français rendit un père
>   Thouront
>   marchand de vin traiteur.

L'affluence des curieux était si grande autour du peintre en plein vent chargé de cette œuvre étrange, que les craintes du cosaque ne nous semblèrent pas alors dénuées d'un certain intérêt. Les suites d'une émeute peuvent être diamétralement opposées à ses causes, et on a vu des insurrections dont le résultat démentait le principe. La diplomatie en sait long à cet égard. Aussi jugeâmes-nous à propos de passer outre et de n'en courir que plus vite à Montmartre. Se figure-t-on l'artillerie de Blücher tonnant de la hauteur au plus épais de ce rassemblement? Cette circonstance me rappela que la narration de M. de Dunow s'était interrompue à ce moment même de la bataille.

— A midi, reprit l'aide-de-camp sur mon invitation, la bataille subit une dernière métamorphose. Le troisième corps de la grande armée, aux ordres du général Giulay, et le quatrième, formé de cavalerie, commandé par le prince royal de Wurtemberg, avaient enfin paru devant Vincennes et Charonne, et s'étaient mis aussitôt en communication avec Barklay de Tolly ; cette diversion allait permettre de tourner Belleville sur notre gauche. D'un autre côté, les divisions Rudsewitch et Kapczwicz de l'armée russe, aux ordres de Woronzow et de Langeron, se rapprochaient de Clignancourt par

Aubervilliers ; des masses d'hommes se resserraient de plus en plus dans la plaine, et l'empereur Alexandre avait appelé, à neuf heures du matin, la garde royale prussienne au secours de l'armée de Silésie. Cette garde prussienne, qui avait passé la nuit du 29 au 30 mars à Ville Parisis, et qui ne s'était pas encore battue une seule fois durant le cours entier de la campagne, n'eut pas plus tôt appris l'échec de la Villette qu'elle se précipita sur la route de Pantin, conduite par le prince Guillaume de Prusse. Elle fit près de six lieues en deux heures, et arriva sous Pantin à onze heures et demie. On la fit reposer d'abord. Blücher, d'ailleurs, serrait de près la Chapelle, et la grande armée russe se concentrait sur Romainville. Cent quatre-vingt mille hommes se trouvaient donc en ligne animés par la vue des dômes de la première capitale du monde, exaspérés par la honte des deux défaites consécutives de la matinée, devant quatorze mille baïonnettes tout au plus et une artillerie à moitié démontée par un service extraordinaire. L'honneur français assurément était sauf, et les vétérans de l'empire pouvaient taire leur feu sans faillir aux yeux de la postérité et de l'histoire. Je l'avoue avec autant de respect que d'étonnement et d'admiration : mes pressentiments furent encore trompés!

« Il faut avoir été, comme moi, témoin des perplexités d'Alexandre pour se représenter la grandeur véritablement épique de cet intermède de la bataille. On n'avait pas de renseignements positifs sur la marche de Bonaparte, et il était dans ses habitudes de tromper facilement Schwartzemberg. Nos éclaireurs, lancés sur Chelles et Nogent, ne nous rassuraient pas complétement, à beaucoup près, dans leurs rapports sur le cours militaire de la Marne. Depuis la visite de M. Peyre, aucun parlementaire ne s'était présenté au quartier-général, et ce silence de Paris, dont nous ne savions absolument rien, si ce n'est le départ de Marie Louise, valait presque une armée. Le czar expédia vers une heure à Barklay de Tolly l'ordre de tenter un troisième effort, et l'attaque recommença simultanément de Montmartre à Vincennes.

« Le canon de Blücher sur Clignancourt et la Chapelle donna le signal. A cet appel, le prince Guillaume de Prusse, tirant son épée, sortit de Pantin à la tête de la garde royale prussienne, tandis que Rajefski montrait la butte Chaumont à ses grenadiers. Les deux batteries de Paixhans et la redoute de la ferme de Rouvroy, formant ensemble cinquante-six bouches, croisaient leurs volées sur la route de Pantin avec tant de précision, qu'à partir de la troisième borne jusqu'au village tous les arbres furent coupés. A l'aspect de cette mort certaine, la garde prussienne hésita un instant. Elle passa cependant; mais quel massacre! Dix-huit cents hommes mutilés jonchaient la terre avec les débris des arbres: Müffling me l'a dit tout à l'heure au Champ-de-Mars. La garde prussienne n'eut pas même la consolation de prendre les canons de la batterie, car les Français, sur dix-huit pièces, en rentrèrent onze dans leurs lignes : le reste fut encloué.

« Toutefois le succès imprima soudainement à l'armée assiégeante un élan décisif. Barklay de Tolly, qui voulait être feld-maréchal et qui rappela dans cette journée la brutale ardeur de Souvarow, aiguillonna tellement Rajefski et Lambert, que ces généraux, échafaudant leurs pauvres grenadiers comme des rampes de chair humaine, s'établirent par une attaque de front sur quelques points avancés de la butte. A ce moment, le colonel Paixhans jeta les yeux sur sa droite; il s'aperçut avec douleur que les Russes de Gorschakoff et les Wurtembergeois du prince Eugène se répandaient sur le plateau de Montreuil. On avait tourné Raguse; il était deux heures. Après l'une des plus belles défenses d'artillerie qui soient dans l'histoire contemporaine de l'art militaire, M. Paixhans ne pensa plus qu'à sauver ses pièces, et il dut évacuer la position. C'est là, sur ses embrasures défoncées, que Frédérick-Guillaume et l'empereur Alexandre, dans l'après-midi, s'arrêtèrent avec moi pour contempler l'immense étendue de votre capitale. »

« Ici, mon cher enfant, la version de M. de Dunow perdit ce caractère vif et net qui s'attache toujours à la narration d'un témoin oculaire. Constamment retenu à l'état-major du quartier-général de Bondy, il n'avait en réalité suivi que le mouvement du centre de la bataille. Rentrons maintenant dans Paris.

Le duc de Raguse garda dans sa poche le billet de Joseph jusqu'à trois heures. Avant d'en faire usage, il attendit que les hussards noirs de Brandebourg et les chasseurs russes de Woronsow eussent pénétré dans la Villette. Il comptait beaucoup, pour couvrir sa droite, sur une batterie de ving-huit pièces dressée par le général d'Aboville sur la route de Vincennes, près de l'entrée du bois, à *la Tourelle*, elle était commandée par le major Evain, pointée par les artilleurs de la vieille garde et manœuvrée par deux cent soixante-seize élèves de l'Ecole polytechnique. Vers midi, elle fut attaquée par la cavalerie du prince royal de Wurtemberg, et les élèves, n'ayant point d'infanterie pour la défendre, se replièrent en bon ordre sur la barrière du Trône, où ils joignirent leurs pièces à huit bouches à feu qui fermaient l'entrée du faubourg. Mais l'effet de leur batterie à cette place n'étant plus le même sur la gauche de l'armée d'opération devant Belleville, Charonne et le Père-Lachaise furent emportés, et la droite de Marmont complétement découverte.

C'est alors que Gorschakoff pénétrait par Bagnolet, et que Barklay de Tolly délogeait Paixhans. Une charge brillante des dragons de l'impératrice, commandés par le général Michel, avait repoussé l'ennemi de la barrière de la Vilette, mais le village restait au pouvoir de Klein et d'Yorck. La position du général Compans, cernée avec les débris de ses troupes dans les Prés-Saint Gervais, devenait fort critique. Marmont ne communiquait plus avec son lieutenant que par le chemin où nous nous étions arrêtés ce soir-là. D'un autre côté, le duc de Trévise, averti par le général Dejean que Napoléon voulait qu'on résistât jusqu'à la nuit, avait demandé une suspension d'armes à Schwartzemberg pour gagner du temps, bien que le commandement en chef de son corps appartint au duc de Raguse. Il paraît que le prince Schwartzemberg apprécia les difficultés de la défense, car il envoya un parlementaire au général Drouot, qui tenait encore dans quelques maisons de la banlieue, pour l'engager à une capitulation désormais inévitable. Le général Drouot en référa au duc de Raguse. Le maréchal apprit que le prince Joseph avait évacué le Château-Rouge et pris la route de Blois par

Saint-Cloud. Les ordres de Napoléon, apportés par M. Dejean, ne lui avaient pas été d'ailleurs communiquées. Dans cette extrémité, il fit dire au général Compans de demander à Barklay de Tolly une trêve de deux heures ; il promettait de ramener ses troupes dans l'intérieur de Paris, et, l'armistice expiré, à cinq heures, de souscrire aux préliminaires d'une capitulation définitive. Le premier parlementaire fut tué ; un second blessé grièvement. Ce fut enfin M. de Quélen que le général chargea de cette mission dangereuse. En attendant une réponse, Marmont, à pied, formant en carré une quarantaine de ses meilleurs soldats qui n'étaient pas blessés, se précipita sur les masses russes, et, après un combat héroïque, ouvrit les lignes ennemies à la retraite de Compans. Acculé sous les murs du Parc-Saint Fargeau, une épée nue à la seule main qui lui restât libre, puisqu'il portait, depuis la bataille des Arapiles, le bras droit en écharpe, le maréchal tint bon jusqu'à ce que le dernier homme de son lieutenant fût rentré dans Belleville. Onze grenadiers français tombèrent percés de baïonnettes à ses côtés, les généraux Ricart et Pelleport furent blessés sous ses yeux ; un officier russe frappé d'admiration, ramassa son chapeau à plumes et le lui rendit avec respect. Il ne rentra qu'à six heures, exténué de fatigue, à son hôtel de la rue de Paradis-Poissonnière, où MM. Laffitte et Perregaux l'attendaient au nom du commerce de Paris. Et toujours pas de prisonniers !

— C'est encore vrai ! répondit M. de Dunow auquel je donnais à mon tour ces détails.

Du reste, Blücher avait emporté la Chapelle, Kapsewitch serrait le duc de Conégliano à Clichy, les obus pleuvaient de Chaumont sur les quartiers de l'est, et cent cinquante élèves de l'école vétérinaire d'Alfort s'étaient fait inutilement tuer au pont de la Marne ; cent mille hommes, enfin, battaient en brèche les barrières, et la prédiction sinistre de l'empereur de

Russie à M. Peyre, était sur le point de s'accomplir. Mais, à cinq heures, la nouvelle de la signature des préliminaires par Orloff et M. de Quélen, transmise au maréchal Mortier par le général Meynadier, se répandit sur toute la ligne ennemie avec la rapidité de l'éclair, et bientôt les feux de bivouac de Blücher, en s'allumant sur la crète de Montmartre, apprirent aux Parisiens, selon l'expression de Schwartzemberg dans son manifeste, que « l'Europe en armes devant leur capitale demandait la paix à la France. »

A ces mots, je levai les yeux du côté de Montmartre, où notre calèche arrivait par le boulevard des Martyrs. Sur *l'ancienne route*, au tour du *Poirier sans pareil*, quelques cadavres dèjà dépouillés indiquaient la place où quatre cents dragons, après le départ du prince Joseph, avaient chargé les Russes de Langeron, vingt mille hommes! Mais en regardant plus attentivement au delà, sur *la nouvelle route*, il me fut impossible de ne pas apercevoir la batterie de cinquante pièces dont les bouches béantes étaient tournées précisément contre nous et traçaient d'une extrémité à l'autre de ce chemin une ligne noire comme une démarcation lugubre.

— Que vous avais-je dit ? s'écria M. de Dunow avec un geste de colère. Cet homme est fou ! Mais les Prussiens voudraient manger Paris. Vous avez vu Müffling au Champ-de-Mars tout-à-l'heure ; il a des manières charmantes, il vous a salué de la façon la plus courtoise. Eh bien, étant allé prendre les ordres de l'empereur de Russie, le 30 au soir, sur le campement des troupes, il lui demande, en parlant de la batterie de cinquante pièces :

« — Sire, faudra-t-il *allumer* Paris?

« — Non, monsieur, dit Alexandre, je n'ai point parlé de cela. Mais à minuit, si la capitulation n'est pas ratifiée, vous enverrez quelques boulets sur les faubourgs. »

La capitulation, mon cher enfant, ne fut ratifiée qu'à deux heures du matin par les colonels Fabvier et Denys de Damrémont, pour le duc de Raguse, mais la démarche du conseil municipal auprès de l'empereur de Russie écarta provisoirement le danger.

Nous parvînmes, M. de Dunow et moi, par la Nouvelle-Route, à cette batterie menaçante. Il y avait des canons russes et français. Les premiers étaient peints d'un vert éclatant ; les seconds avaient une couleur plus foncée. Je ne remarquai pas sans émotion quelques pièces longues et massives où se trouvaient écrits les mots : *liberté, égalité.* Les sentinelles prussiennes se promenaient en silence autour de cette artillerie républicaine. M. de Dunow se fit reconnaître de deux officiers qui, enveloppés de leurs manteaux et à demi couchés sur des caissons, regardaient fixement Paris.

L'un était bien le plus bel homme de guerre que j'eusse jamais vu. Il portait des moustaches encore plus épaisses que Blücher. M. de Dunow agit sur-le-champ comme il eût fait dans un salon de Vienne.

— Le vicomte ***, dit-il en me présentant à l'officier, secrétaire d'ambassade à ***.

Et, se tournant vers moi avec un regard expressif, tandis que je m'inclinai :

— M. le colonel Tettenborn.

Au nom de ce partisan célèbre, je ne me sentis pas précisément à mon aise. Vous ignorez peut-être que Bonaparte détestait les moustaches démesurées à l'égal de madame de Staël, et ce n'est pas peu dire. En Saxe, Tettenborn se présenta un soir à une réception de l'empereur.

— Je ne croyais pas, dit Napoléon en apercevant le colonel, que de pareilles moustaches convinssent à une toilette de cour.

— Et moi, répliqua aussitôt Tettenborn, je ne croyais pas que la toilette de cour fût digne de pareilles moustaches.

Tettenborn se contentait de partager avec

Blücher la gloire de porter les plus longues moustaches de l'Europe, et sa haine ne s'étendait pas au-delà de Napoléon. Blücher, accablé par l'ivresse, venait de s'endormir au Château Rouge, dans le fauteuil même de Joseph, et le colonel, aussi inquiet que M. de Dunow, n'attendait plus que des chevaux pour profiter de ce sommeil et faire lever la batterie.

Il était minuit. L'aide-de-camp du prince Wolkonski avait rempli le but de son voyage. Mais il me restait à justifier de ma présence à cette réunion que l'on m'avait indiquée d'une manière si piquante à l'hôtel du faubourg Saint-Honoré, au n° 45. Cet hôtel n'existe plus, mon cher enfant. Pour que l'emploi romanesque de ma soirée fût complet, j'allais parler de restauration et de branche ainée à cette place même où s'élève maintenant un palais construit par la plus riche héritière d'une ville républicaine des États-Unis, par la baronne de Pontalba.

V

FIN DE LA PREMIÈRE NUIT.

Passer d'un champ de bataille à une réunion politique, c'est suivre exactement le système du bain russe : nous sortions de l'étuve, M. de Dunow et moi, pour nous rouler dans la neige. L'aide-de-camp redouta la transition et me quitta poliment à quelques pas du n° 45, dans le faubourg Saint Honoré, pour me tenir en haleine, je déclamais à haute voix, tout en marchant, ces beaux vers d'Alferi, dans sa *Tirannide*, sur la liberté :

> Non io percio da si sublime scopo!
> Rimuovero giemmai l'animo, etc.

(Non, jamais mon âme n'oubliera ce vœu sublime ! jamais mes yeux ne se détacheront d'un but si noble !)

Soliloque bien hardi pour les circonstances, dans mon état et passé minuit. Mais les diplomates n'ont pas toujours peur. Nous valons mieux que notre réputation.

Ce fut à l'énivrement de cette poésie que je me glissai dans le salon de l'hôtel Boisgelin. Elle se dissipa bientôt, comme les souvenirs de ma promenade nocturne, au souffle de réalités tristes, imposantes, pratiques. Les bougies éteintes à minuit par M. Talon s'étaient rallumées pour un club moins orageux, mais plus grave. La réunion tenue chez M. de Mortfontaine, à neuf heures, était un élan, un appel, un *Jeu de Paume* royaliste. Ici la question fut de savoir comment on provoquerait législativement le retour des Bourbons dans le Sénat. Il ne s'agissait dans tous les groupes de causeurs que de la convocation de cette assemblée pour le lendemain 1ᵉʳ avril, mesure extraordinaire, prise de droit par le prince de Bénévent en sa qualité de vice-grand-électeur de l'empire. Le sort de la restauration dépendait du mouvement imprimé par les premières délibérations de celui des trois pouvoirs de l'État qui se trouvait seul en permanence constitutionnelle à Paris. Sur-le-champ, par esprit de corps, j'exprimai ma vive sympathie à M. de Pradt pour cette victoire diplomatique de M. de Talleyrand sur l'impatience des royalistes.

— Vous êtes orfèvre, M. Josse ! me répondit l'abbé avec cette brusquerie originale qui était une partie de son talent. C'est faire à l'adresse de M. de Talleyrand plus d'honneur qu'elle n'en mérite. Ce grand trompeur, comme dirait Figaro, ne peut pas aujourd'hui trouver d'autre dupe que Bonaparte. Il y a de bonnes raisons pour cela. Sachez que la veille de son départ, en janvier dernier, l'*usurpateur* eut avec le prince de Bénévent une altercation tellement vive qu'il le poussa du fond de l'appartement jusqu'à la porte. Après une pareille scène, Talleyrand est à nous parce que Bonaparte n'en voulait plus.

— Mais il a risqué sa tête, car si l'empereur Napoléon rentrait à Paris...

— L'empereur Napoléon n'y rentrera pas. Depuis 24 heures, on ne remue pas une chaise dans Paris sans notre permission. Les esprits étaient préparés, les proclamations écrites, les cocardes toutes cousues. Quatre de nos amis, le comte de Lauris, M. de Newquerque, M. de Maistre et la vicomtesse de Quisonnas ont passé le mois de mars à imprimer et à distribuer des exemplaires d'un appel au peuple sous les yeux même de M. Pasquier. Vous croyez sans doute que c'est M. de Nesselrode qui a improvisé pour le czar une résidence à l'hôtel Saint-Florentin? Pas du tout! cela était négocié depuis longtemps par l'intermédiaire de la duchesse de Courlande, belle-mère du comte Edmond de Périgord. M. de Talleyrand avait si peu la direction du mouvement, que, le 30 au soir, même après la bataille, il sollicita vainement de M. Pasquier et du duc de Raguse, la permission de ne pas quitter Paris, ou de ne pas aller à Blois, que l'arrivée seule de M. de Nesselrode, dans la nuit du 31, le retint tout à fait, et qu'à son départ pour le congrès de Châtillon, en qualité d'agent secret des royalistes, M. de Vitriolles ne put obtenir du prince, comme témoignage officiel, qu'un simple cachet : encore ce cachet était-il au chiffre de M. de Dalberg.

— Permettez, monseigneur! m'écriai-je avec une sorte de passion. J'étais de la calvacade, rien ne m'est échappé. Sans votre charmant proverbe du salon bleu, la monarchie avait tort. Comme vous enlevez une situation ! mais, en bonne conscience, M. de Talleyrand tenait la ficelle.

— Il tenait la porte, et voilà tout, dit en souriant le comte de Sémalé ; les royalistes ne sont pas gens à jouer la comédie. Nous n'escamotons pas, nous restaurons. Votre cavalcade fut brillante, elle devait l'être, mais il y en eut de plus dangereuses. C'est une femme de chambre de madame de Doudeauville qui, dès le matin, avant qu'un seul Russe eût mit le pied dans Paris, fixa la première cocarde blanche au chapeau d'un passant. Madame de Duras (l'auteur d'*Ourika*), mademoiselle de Rastignac et la comtesse du Cayla parcouraient la ville en calèche découverte ; la belle comtesse de Périgord (madame de Dino) montait sur la croupe d'un cheval pour haranguer la foule. Il me semble que de pareilles manifestations avaient une valeur. Moi-même, lorsque je partis de ma maison, située près de la Madeleine, avec M. de Châteaubriand; M. Flodoar-Dubouchage; M. de Vanteau, M. de Fontenay et M. le marquis de Giac, qui portait le drapeau blanc, je me souviens parfaitement que le groupe de la place Louis XV ne s'était pas encore mis en marche. Ce n'est pas tout, d'ailleurs : au moment où les premières colonnes russes se montraient à la barrière, quand on pouvait tout craindre de l'exaspération du peuple, M. de Châteaubriand s'adressait au public avec chaleur sur le perron du palais du Corps législatif, et M. de Giac promenait dans Paris, depuis le Luxembourg jusqu'à la porte Saint-Denis, ce même drapeau qui était encore passablement séditieux. Vous conviendrez qu'après la mort de M. de Gouault, en Champagne, et l'écriteau si dramatiquement attaché sur sa poitrine, c'était là risquer nos têtes, ou je ne m'y connais pas. Trêve donc d'apothéose pour le vice-grand-électeur. Il a fait son métier, nous faisons notre devoir. La question préalable !

— Cependant, repris-je un peu étourdi, la *déclaration* des souverains alliés est l'œuvre de la présence d'esprit de M. de Talleyrand, et vous ne refuserez pas d'y voir comme une base du rappel des Bourbons.

— La déclaration de trois heures ! s'écria un nouvel interlocuteur en me frappant sur l'épaule ; voilà encore une spirituelle plaisanterie ! Je vous ai aperçu dans l'antichambre du prince, je ne comptais pas sur tant de crédulité. Où avez-vous pris, jeune homme, que l'on rédigeât de pareilles engagements politiques sur un bout de table, et comme si l'improvisation ne coûtait que la peine d'écrire ? Je sais bien que le manuscrit portait quelques ratures : M. Michaud ne l'a point empoché assez vite pour que vous ne l'ayez pas vu. Mais qu'est-ce que cela prouve? que M. de Nesselrode a de détestables lunettes et qu'il tremblait un peu en écrivant.

— Apprenez, mon cher monsieur, dit l'abbé

de Pradt en me retournant vers lui comme un pivot, apprenez que dès neuf heures, ce matin, M. de Talleyrand et M. de Dalberg avaient remis à leur secrétaire une copie de la *déclaration* improvisée tantôt pour qu'elle fût en épreuve au moment de l'entrée du czar dans l'hôtel. M. de Dalberg voulut même que cette copie fût de son écriture, parce qu'elle est très-lisible. Il y a mieux : l'épreuve était dans les mains de l'empereur Alexandre avant l'ouverture du conseil. Il en résulte que si M. de Talleyrand a joué la comédie, ce n'est pas lui seul assurément qui a fait la pièce.

Qui n'entend qu'une cloche n'entend qu'un son. C'est une maxime, mon cher enfant, dont je n'ai jamais mieux senti toute la justesse qu'à ce moment de ma vie. A l'hôtel Saint-Florentin, je me croyais dans les coulisses de la restauration, et, suivant l'hôtel Boisgelin, je n'étais là qu'au parterre. Il fut dès lors aisé de prévoir que ce conflit des influences victorieuses se renouvellerait jusqu'à ce que l'émigration eût absorbé M. de Talleyrand ou M. de Talleyrand l'émigration. Mais, pour parler comme les romanciers, n'anticipons pas sur les événements.

Après avoir fureté, questionné, écouté de droite et de gauche, je m'aperçus que cette foi de l'opinion royaliste en elle-même n'avait pas de centre plus rayonnant que le salon où j'étais conduit par le hasard et la curiosité. Mon imprudence me sauta aux yeux, car j'avais mon chemin à faire et le régime impérial ne me semblait pas suffisamment abattu ponr qu'il y eût de mon intérêt à lui tourner déjà le dos. Dans cette perplexité, je me disais comme ce personnage de vaudeville au moment le plus critique, en cherchant la porte : — « Mon Dieu, que je voudrais donc m'en aller ! » A l'instant où je m'esquivais par le jardin, une concentration subite, en me barrant le passage, resserra tous les groupes autour du comte de P..., qui arrivait de Bordeaux. L'*événement* du 12 mars était le prétexte de la foi robuste de l'opinion royaliste. Vous comprenez que je devins tout oreilles à ces paroles enflammées d'un témoin oculaire :

— Messieurs, s'écriait le comte de P... en gasconnant un peu, personne de vous n'ignore qu'en juillet 1813, le roi Louis XVIII avait fait à M. Taffard de Saint-Germain, de Bordeaux, l'honneur de lui écrire cette lettre confidentielle, qui exprime tant de choses en si peu de mots : — *Il tarde au meilleur des pères de se trouver au milieu de ses enfants.* — A nous aussi, messieurs, il tardait que nous fussions dans les bras du meilleur des pères. Des circulaires émanées d'Hartwel entretenaient Bordeaux dans son dévoûment. Je crois même que la mienne est encore au fond de ma poche. Permettez-moi de vous en donner lecture.

A ces mots M. de P... tira mystérieusement d'un portefeuille en maroquin bleu, un papier déjà réduit par la circulation à la transparence d'une dentelle et où M. de Blacas avait paraphé l'excitation suivante au renversement de Napoléon Bonaparte :

« Le roi, ne voulant négliger aucune occa-
« sion de faire connaître à ses sujets les senti-
« ments dont il est animé, me charge de donner
« en son nom à M. le comte de P... toutes
« les assurances qu'il peut désirer; Sa Majesté
« sait tout ce que M. de P... peut faire pour
« son pays. »

Mais ce que M. de P... ne nous disait pas, mon bon ami, c'est que le nom du destinataire de ce billet restait en blanc et qu'on remplissait le vide suivant le besoin de la propagande monarchique. C'étaient, en quelque sorte, des brevets de fidélité au premier venu et des récompenses payables au porteur. Il y en a même qui ne furent pas payées du tout. Je poursuis :

« — Oui, messieurs, reprit le comte de P...

en repliant le chiffon avec beaucoup d'égards : Bordeaux, inondée de ces circulaires providentielles, n'attendait qu'un homme et qu'un moment. Ce moment fut le 12 mars, et cet homme le duc de Wellington. Voici comment le miracle eut lieu :

« Nous nous trouvions à cette époque plusieurs hommes d'esprit à Bordeaux, échappés à la conscription, frondant le gouvernement de Bonaparte en province et consumant au whist les forces intellectuelles que réclamait en vain le régime du sabre; les uns, comme M. de Peyronnet et M. de Martignac, rimant des vaudevilles mieux que Désaugiers ; les autres, comme M. Emérigon, jouant du violon à ravir ou plaidant de mauvaises causes qu'ils gagnaient fort bien. Ceux qui avaient un caractère mélancolique se réunissaient le soir chez M. de Gombault, où la restauration était traitée au point de vue religieux. Ceux dont les mœurs s'accommodaient plutôt d'une société littéraire et de femmes aimables faisaient régulièrement le boston de Madame la marquise Donissan. On allait en Médoc, pendant les vendanges, lire à huis-clos les lettres que M. Taffard recevait d'Hartwel. C'est là que nous surprit la nouvelle de deux événements royalistes: la proscription de M. Lainé du Corps législatif et l'arrivée à Bordeaux du marquis de Larochejaquelein.

« Dans ces circonstances, un soir, chez la marquise Donissan, après avoir joué un solo de violon magnifique, Emérigon nous dit en posant son archet :

« — Mais, jeunes gens, au lieu de faire de la musique, si nous conspirions ?

« C'est un esprit créole, entraînant, plein de saillies. Le trait fit fureur, d'autant plus que M. de la Châtre nous avait envoyé pour étrennes, le 1er janvier 1814, du comté de Buckingham, une proclamation spécialement rédigée par S. M. Louis XVIII pour Bordeaux, et où ce prince témoigne l'équité de saint Louis, la munificence de François Ier, la magnanimité de Henri IV et toute la politesse de Louis XIV. Je vous en apporte même un exemplaire. Voyez-vous le sceau du roi ?

Là-dessus le comte de P... tira encore de sa poche intarissable cette pièce politique, devenue si célèbre parce qu'on ne la trouve plus, et où il n'était pas plus question de charte que du grand-turc. L'impatience des auditeurs redoubla. M. de P..., agitant son papier d'une main et gesticulant de l'autre, poursuivit en ces termes :

« — Le mot d'Emérigon fut une provocation suivie d'effet. M. le marquis de Larochejaquelein, ne résistant pas à l'ardeur chevaleresque de sa famille, partit enfin pour Saint-Jean-de-Luz, dans les Pyrénées, où le duc d'Angoulême se trouvait au quartier-général de lord Wellington. Avant de quitter Bordeaux, il eut une entrevue sérieuse avec M. Lynch, maire de la ville, qui longtemps fut attaché à Bonaparte, mais qui heureusement avait reconnu son erreur. « Mon ami, dit le maire au marquis, comptez sur moi. Je veux proclamer Louis XVIII dans les murs de Bordeaux. » M. de Larochejaquelein, en conséquence de cette promesse, réclama une audience du duc d'Angoulême. Il est inutile de vous dire, messieurs, que son Altesse Royale reçut le marquis avec transport. Quant au général Wellington, je regrette qu'il ait d'abord ainsi répondu à propos du congrès de Châtillon :

— Les souverains alliés traitent en ce moment avec l'empereur Napoléon. Il m'est impossible de favoriser un mouvement qui contrarie leurs desseins.

— Mais, mylord, s'écria son interlocuteur, il existe un comité royaliste qui a des ressources...

« — Prenez garde, monsieur, de vous compromettre, ajouta lord Wellington; les royalistes se sont toujours exagéré leurs forces. Au surplus restez à mon quartier-général, je vais passer l'Adour et puis nous verrons.

« On passe l'Adour, le quartier-général est porté à Saint-Séver, dans les Landes. M. Bontemps du Barry, autre royaliste député par Bordeaux, y arrive en toute hâte. Le général anglais profita du dévouement des royalistes, sauf à juger plus tard de leurs sympathies. Il détacha Béresford avec un avant-garde de quinze mille hommes pour marcher sur Bordeaux par Bazas et Roquefort. A cette nouvelle, chacun se précipita des salons dans les rues. Nous avions le maire, M. Lynch, et les deux adjoints, MM. de Tauzia et de Montdenard : c'était presque toute l'autorité municipale. Dans ce moment, l'armée britanique s'engageait le long des landes qui se trouvent entre Mont-de-Marsan et Roquefort, à gauche de la route des Pyrénées à Bordeaux. Ces marais malsains, ces étangs de sable nu dont les dunes ondoyantes représentent des vagues affermies, ces forêts de pins, ces horizons de bruyères, tout cet aspect de tristesse, messieurs, attendrit le cœur de Wellington, héros plein d'une vive sensibilité. Pour comble de poésie, les femmes accouraient, montées sur leurs échasses, au bord du chemin, et comtemplaient avec des yeux d'amour le duc d'Angoulême. Rien ne manquait au prestige de la fête, pas même à la coiffure des jeunes filles le symbole local du bonheur, la branche fleurie de l'immortelle de mer ou de l'*Athanasia maritima* de Linnée. »

Je connaissais, mon cher enfant, la facilité d'enthousiasme et d'élocution inséparable de la nature bordelaise. Toutefois ce *finale* du comte de P..., si pompeusement relevé de botanique, surpassa mon attente. Je regardai d'un air confus autour de moi. Ce n'étaient qu'exclamations, bravos, larmes, poignées de mains. Le succès de l'orateur était complet, et le salon de l'hôtel Boisgelin aurait possédé Wellington lui-même qu'on ne lui eut pas fait mieux les honneurs de la France. Triste époque, vraiment que celle où des opinions chevaleresques et consciencieuses, avaient l'étranger pour principal appui !

M. de P... attendit que l'émotion causée par son discours se fût un peu réduite; puis, raprochant tous ses petits papiers, il ajouta :

« — A l'approche des troupes britaniques, messieurs, les autorités impériales abandonnèrent la ville. Le comte Cornudet fit évacuer les caises publiques, et le général Lhuillier, qui commandait le département, opéra sa retraite. Alors M. Lynch monta à cheval; il était accompagné de MM. de Tauzia et de Montdenard. Un groupe nombreux de royalistes où l'on remarquait MM. de Saluces, de Gombault, de Lautrec, Gauthier, Bontemps du Barry, le suivit avec empressement. M. Lynch avait encore l'écharpe rouge. Nous rencontrâmes le général Béresford entre Roquefort et Mont-de-Marsan. Le cortège fut immédiatement confondu avec les troupes anglaises, et M. Lynch, saluant Béresford, lui dit :

« — Général, si vous vous présentez en vainqueur prenez vous-même les clefs de la ville, car je ne vous les offrirai pas; mais si vous êtes l'allié du roi Louis XVIII, je suis au contraire fort heureux de vous les offrir, afin de proclamer l'héritier du trône de Henri IV dans cette cité intéressante.

« Il est bien entendu, messieurs, que le maire n'offrait aucune sorte de clefs, mais le général anglais ne comprit pas moins la métaphore. Cependant l'émotion ne lui ôta pas le sang-froid, et la preuve c'est qu'il répondit à M. Lynch :

« — J'ai longtemps parcouru le monde; toutefois peu de contrées m'ont satisfait autant que la vôtre. On dit beaucoup de bien du vin de Bordeaux. Après cela, je vous ferai observer que le congrès de Châtillon....,

« — Parfaitement! interrompit M. Lynch.

« Sur-le-champ notre maire détacha son

écharpe rouge, et c'est alors que nous découvrîmes toute l'étendue de sa présence d'esprit. Cette écharpe rouge en couvrait une autre de la plus éclatante blancheur; M. Lynch, par cette légère toilette, passa en un clin-d'œil de Bonaparte à Louis-le-Désiré. Tant il est vrai que les emblèmes sont toujours d'utilité publique!

« L'écharpe manifestée, vint le tour de la cocarde. M. Lynch se l'attacha d'abord à lui-même. Tout le monde l'imita. Le duc d'Angoulême marchait derrière la première colonne des troupes britanniques : il fut aussitôt entouré de nos hommages, étourdis de nos acclamations. Le général Béresford nous pria de prendre la tête de l'armée anglaise, et on se remit en marche. Bazas et Roquefort avaient obéi à M. Lynch. Le drapeau blanc flottait depuis la frontière du département des Landes jusqu'à la tour Saint-Michel de Bordeaux, où nous entrâmes enfin au milieu *d'un peuple fier de son roi*. Cependant l'impartialité naturelle à mon caractère m'oblige de convenir que l'enthousiasme se propageait avec peine et que ce fut au risque de mes jours que le drapeau se trouva planté sur le sommet de Saint-Michel. Mais le 12 mars, quand parut le duc d'Angoulême, le soleil de la monarchie légitime n'était plus obscurci par aucun nuage, des vaudevilles spirituels avaient popularisé le nom glorieux de Bourbon, sur le théâtre de nos Variétés Amusantes, et la harangue de monseigneur l'archevêque remplissait de joie tous les cœurs. Je prendrai la permission de vous lire cette harangue, car la marquise Donissan m'en a cédé plusieurs exemplaires... »

Ici, mon cher enfant, M. de P... remit la main dans sa poche, et je vis le moment où de nouveaux petits papiers allaient embellir sa narration, lorsque la foule ingrate fit demi tour à gauche et reflua vers la cheminée. M. de Montrond, le plus frileux de tous les hommes, en confisquait la chaleur au détriment des curieux, qu'il tenait suspendus, en revanche, à la plus piquante des anecdotes du jour.

— Qu'y a-t-il donc? lui dit M. de Pradt vraiment inquiet.

— En voici bien d'une autre, l'abbé! répondit le fidèle Achate de M. de Talleyrand; ma parole d'honneur, Louis XVIII se présenterait demain à la barrière, que son entrée ne ferait pas un pli. Ah! monsieur l'archevêque, vous serez ministre!

— Cela ne m'étonnerait pas. Eh bien?

— Eh bien! vous n'ignorez aucun des mots flatteurs de l'empereur de Russie à la députation de l'assemblée Mortfontaine?

— Sans doute; j'attendais M. Ferrand chez moi.

— Le malheureux czar était exténué; le prince Wolkonski avait barricadé la porte de son maître avec deux huissiers, trois laquais et plusieurs cosaques. A dix heures, cependant, on a introduit le duc de Vicence.

M. de Montrond s'arrêta : l'effet me parut savamment calculé. Toutes les figures, mon ami, étaient comme frappées de la foudre, et l'hôtel Boisgelin me rappelait le salon de la *Belle au Bois dormant*. M. de P... lui-même oublia ses petit papiers. Le 12 mars n'était plus, vis-à-vis d'un tel épisode, que de l'histoire très-ancienne.

— Parlez! parlez! s'écria-t-on enfin de toutes parts.

— Caulaincourt, reprit M. de Montrond, est resté plus de quatre heures avec l'empereur de Russie. Il y avait, dans un coin de la chambre, environ cinq cents exemplaires de la *déclaration* improvisée dans l'après-midi, mais déposés là depuis le matin. Au terme de leur entretien nocturne, le czar, en montrant ce tas de brochures au duc de Vicence, lui a dit ces propres paroles : — Il est trop tard! Ce qui tranche toute difficulté, c'est qu'après la *déclaration* que vous voyez là, je me croirais autant de fois assassin qu'il périrait d'hommes pour une cause que je ne soutiendrais plus.

Je vous avouerai, mon cher enfant, que ce mot presque fatal du czar me donna le frisson. Tant d'insistance de la part de Napoléon et tant de bonheur du côté des royalistes me semblèrent d'une effrayante complication pour l'avenir. La journée du lendemain, au Sénat, promettait de l'originalité, et il me fallait des instructions. Aussi, pour le coup, me vit-on disparaître de l'hôtel comme une ombre. Je traversai le jardin, je sortis par la petite porte du saut-de-loup où madame de Pontalba a fait disposer deux superbes grilles, et je regagnai lestement mon lit tout-à-fait partagé d'affection, jusqu'au prononcé de l'arrêt du Sénat, entre l'aigle de Friedland et l'oriflamme de Saint-Denis.

VI

L'INTRIGUE.

Il y a bien longtemps de cela! C'était sous l'empire. Je revenais des provinces illyriennes, en qualité d'agent consulaire, et j'allais par le Tyrol au devant de l'armée française, qui pour la seconde fois marchait, enseignes déployées, au pas de la victoire, sur la capitale de l'Autriche. Une absence prolongée m'avait tenu loin des prodiges opérés sur le continent par Napoléon. Je rentrais curieux et palpitant dans ma patrie, dont le drapeau tricolore avait disparu à mes yeux depuis la bataille de Marengo. Voilà qu'à quelques lieues de Munich, comme je me trouvais assis, par une forte chaleur, sur un tronc de chêne renversé, le bruit du canon, éclatant tout à coup sur la route de Vienne, m'apprend que la France elle-même vient au-devant de moi, et que c'est au milieu de ses aigles, dans la personne de ses légions, que bientôt je la presserai dans mes bras. Rien, mon cher enfant, dans ma vie de protocoles et de fourberies, ne peut se comparer à cette émotion nationale, si ce n'est ce que je vais vous raconter.

Montesquieu a dit quelque part : « Quand on reçoit des bienfaits de son souverain, on pense d'abord aux moyens de les conserver contre lui. »

Ce trait résume le péril qu'une restauration laissait courir à la probité politique du sénat. La majorité de ce corps était assurément dévouée à Napoléon, mais le hasard voulut que les plus fidèles à la cause de l'empereur fussent absents pour son service. Les maréchaux et les généraux étaient aux armées; les uns, ministres ou dignitaires, avaient suivi l'impératrice à Blois ; les autres parcouraient les départements en qualité de commissaires extraordinaires pour organiser la défense du territoire. Vous comprenez que Napoléon n'avait pas choisi les moins capables. Ainsi les Bassano, les Latour-Maubourg, les Cornudet étaient loin de Paris. Des 140 membres dont se composait le sénat, il n'en restait qu'à peu près quatre-vingts, sur lesquels la coterie de l'hôtel Saint-Florentin pouvait directement agir. M. de Talleyrand, en sa qualité de vice-grand-électeur, avait le droit de convoquer spontanément cette assemblée pour le cas de propositions urgentes et de salut public. Les lettres closes remises à domicile le jeudi soir, en vertu des lois de l'empire, indiquaient la réunion pour le vendredi 1er avril, à trois heures, sous la présidence du prince. Les formes légales étaient donc strictement observées. Jusque-là, il n'y avait rien à dire.

Le *Moniteur* du 1er avril cependant ne renfermait pas un mot de cette convocation. La gazette officielle parut encore en demi-feuille, comme la veille, toujours embellie d'un article du *Mercure étranger,* et de plus ornée d'une dissertation de M. Moreau (de la Sarthe) sur un beau livre du docteur Pinel, d'après le traité d'Hippocrate *de Flatibus.* Il y avait en outre au bas de la page ce petit avertissement plein de mansuétude :

« Le public est prévenu que le départ des courriers de la poste aux lettres aura lieu aujourd'hui comme à l'ordinaire. »

Le 31 mars au soir, tandis que le duc de

Vicence et la réunion Mortfontaine se disputaient l'empereur Alexandre, Talleyrand, après avoir expédié les lettres de convocation, s'était renfermé dans son cabinet avec le duc de Dalberg pour arrêter la liste des membres du gouvernement provisoire, dont il était parlé dans la déclaration datée de l'hôtel Saint-Florentin.

Le duc de Dalberg, qui a joué un rôle si grave dans les événements de la première restauration, était l'homme de la plus grande intimité de M. de Talleyrand.

En 1813, pour me servir d'une expression consacrée à M. de Talleyrand, le duc de Dalberg, son disciple et son ami, *flaira l'enterrement* de l'empire et se retira de la scène politique pour n'y reparaître qu'en temps utile. Proche parent de M. de Nesselrode, ami du comte de Stadion, qui dirigeait alors le cabinet de Vienne, très-allié avec M. de Metternich et le baron de Vincent, il se trouvait en quelque sorte à cheval sur les intérêts diplomatiques de l'Europe. M. de Dalberg ne quitta pas l'hôtel Saint-Florentin, où il tenait la ficelle des marionnettes dont M. de Talleyrand, la béquille à la main, expliquait la pantomime. La formation du gouvernement provisoire leur coûta toute la nuit.

— Mon bon ami, dit le prince en prenant d'abord la plume, charité bien ordonnée commence par soi-même.

Et il écrivit lentement sur le papier le nom du duc de Dalberg.

— Monseigneur, s'écria le duc en prenant la plume à son tour, je vous répondrai par un proverbe allemand : « Le conseil doit marcher avant l'action. »

Et il écrivit avec empressement le nom du prince de Talleyrand au dessus du sien.

— Voilà le plus important de fait, reprit M. de Bénévent en repoussant le papier ; nous pouvons maintenant réfléchir. Que pensez-vous du restant de la liste?

— Je pense qu'il faut la fixer à cinq membres, pour que notre majorité ne dépende plus que d'un seul, et ensuite choisir deux sénateurs; moi, je représente le conseil d'état. Il ne s'agira plus que d'y faire entrer l'émigration. C'est ce dernier membre qui nous donne la majorité, avec le faubourg Saint-Germain.

— Commencez par l'émigration et par l'abbé de Montesquiou. D'abord, il est abbé : c'est une politesse que je dois au clergé de 89. Et puis, il était de l'assemblée Constituante : cela rappelle les idées de progrès, même dans le retour de l'ancien régime, c'est à la fois de la réparation et de l'innovation. Je suis de l'avis de Bayle : « Notre monde est une bascule. » Passons aux sénateurs.

— Ici, dit le duc, on ferait aisément d'une pierre deux coups ; il y a des sénateurs qui étaient de la Constituante et qui ont émigré, par exemple le comte de Jaucourt.

—Mettez Jaucourt; mais, par contre-poids,

donnez-moi vite un jacobin. Il faut ménager la république. On ne sait pas ce qui peut arriver.

— D'ailleurs, les conventionnels du sénat ne manqueront pas au rendez-vous. Cherchons bien.

Ils passèrent en revue Abrial, Beurnonville, Garat, Lanjuinais, Roger-Ducos, Grégoire, Kellermann, Pontécoulant, etc. ; mais les titres d'admission et les motifs d'exclusion pour cette sorte de candidature étaient si multipliés, si différents, tantôt si flatteurs et tantôt si répulsifs, que le maître et l'élève avaient déjà veillé une bonne partie de la nuit sans faire un choix, quand la pendule du cabinet les prévint officieusement du danger qu'il y avait à osciller plus longtemps entre les nuances de l'histoire révolutionnaire. M. de Talleyrand me racontait à Valençay, en 1834, les perplexités de cette nuit-là avec une verve charmante.

— Roger-Ducos est impossible! s'écriait le jeune duc en se frappant le front; c'est un ancien directeur.

— Et Lanjuinais, donc! reprenait le prince; l'un des plus honnêtes de la Convention! » Faut de la vertu, pas trop n'en faut. » D'ailleurs, nous avons l'abbé, pour la vertu.

— Voulez-vous Pontécoulant?

— Il n'est pas assez bel homme. J'ai besoin d'un effet militaire pour la troupe.

—Alors, faites-vous offrir Kellermann.

— Kellermann sans doute ne me déplairait pas. Héros de Jemmapes et de Valmy! Cela sonne parfaitement aux oreilles. Ah! si, par des transformations que vous ne pouvez comprendre...

— Je vous comprends très-bien, monseigneur.

—S'il était question aujourd'hui de la branche cadette, Kellermann serait notre affaire, et le duc d'Orléans... Mais tenons-nous-en au positif. Avec la branche aînée, Kellermann devient un embarras. C'est un maréchal de l'empire, de la création même. L'éclat de son grade le rattache de beaucoup trop près à Bonaparte.

— A propos de la création, dit vivement le jeune duc, Beurnonville ne pardonne pas à l'empereur son oubli.

— Tiens ! s'écria Talleyrand avec un mouvement de surprise, vous m'y faites penser ; il est même le seul des généraux de la république auquel Bonaparte n'ait pas donné le bâton.

— Un guerrier magnifique, cinq pieds sept pouces ! répliqua M. de Dalberg plein d'enthousiasme.

— L'*Ajax français,* comme disait Dumouriez.

— Plus de soixante-cinq ans, une illustre épée et un âge commode ; un grand homme qui finit !

— Chevalier de Saint-Louis depuis 84 !

— Ministre sous le règne de la Montagne!

— Qui, à l'armée de Sambre et Meuse ou du

Nord, en 1798, n'écrivait que sur papier à lettre embelli d'une Liberté nue, avec drapeau tricolore, bonnet rouge, pique athénienne, faisceaux de canons, autel de la patrie, niveau révolutionnaire, etc., etc., etc.!

— On l'eût fait exprès qu'il ne serait pas meilleur!

— Quelle idée, ah! mon ami, que je vous embrasse!

Le prince embrassa le duc. Il fallait que Talleyrand fût bien ému. A ce moment, l'aurore éparpillant ses roses violettes sur les quinconces des Tuileries, M. de Bénévent appela d'une voix forte : — Courtiade !

Courtiade était son valet de chambre, un vieux domestique entré au service du prince avant la Constituante, qui le suivit en Amérique et qui mourut à Londres au dernier voyage de son maître, après la révolution de juillet.

— Courtiade, dit Talleyrand lorsque la porte s'ouvrit, trois bonnets de coton !

Vous saurez, mon cher enfant, que le prince étant très-sensible du froid à la tête, malgré une fort belle chevelure, se coiffait d'autant plus chaudement la nuit qu'il s'était plus ému le cerveau durant la soirée. Le nombre des bonnets correspondait scrupuleusement à l'intensité du travail de son esprit ou de la dose de ses plaisirs.

— Monseigneur connaît donc la nouvelle? répondit Courtiade, dont les yeux brillaient d'un feu singulier.

— Courtiade, fit le prince d'un air sournois, pour quatre heures du matin, vous êtes bien éveillé.

— M. le comte Beugnot est arrivé de Lille.

— Comment! s'écria Talleyrand en se dressant sur son pied, Beugnot est à Paris? Alors, cinq bonnets de coton!

La porte refermée, M. de Bénévent prit le duc de Dalberg par le bras avec mystère, et, le conduisant près de la fenêtre, d'où ses regards planaient, au deuxième étage de l'hôtel, sur la place de la Concorde, il lui dit d'un accent profond :

— Savez-vous, mon ami, ce que c'est que Beugnot ? Il y aurait maintenant sur cette place, où jadis battait monnaie la révolution, il y aurait encore le bourreau, la charrette, les tambours, les *tricoteuses* et le fameux triangle de fer suspendu entre deux perches, que Beugnot trouverait de l'esprit pour se moquer de la république. Voilà ce que c'est que Beugnot. Allons-nous coucher.

Il n'eût pas le temps de dormir beaucoup. Toute la matinée se passa en allées et venues pour que la moitié au moins des membres du sénat fussent présents à la séance ; de pareilles démarches étaient indispensables. Depuis le mois de janvier 1814, l'opposition, qui, en 1810, n'allait pas au delà de Lanjuinais, Lambrechts, Grégoire, Garat et Destutt de Tracy, s'était grossie d'une vingtaine de sénateurs. Mais cette opposition avait des tendances républicaines ou n'aurait concouru, disait-elle, qu'à l'établissement d'une monarchie tellement libre que le souverain n'y eût été dans le fait qu'un président de république.

D'un autre côté, *la déclaration* de l'hôtel Saint-Florentin reconnaissait le droit qu'avait le sénat de proclamer les intentions du peuple français sur la forme de son gouvernement. Or, M. de Talleyrand et ses amis savaient très bien que, dès la formation de l'autorité provisoire, même en dehors de la sphère impériale, tous les fonctionnaires viendraient lui prêter main forte par le seul effet du mouvement d'obéissance imprimé depuis quinze ans à tous les corps administratifs. Ce que Mallet avait tenté par les voies extra-légales de la conspiration, le prince de Bénévent l'exécutait en plein jour, avec l'appui des baïonnettes russes et l'hypocrisie du patriotisme. Il voulait surtout donner à la restauration une origine nationale et en faire l'expression d'un vœu public; il remplissait d'ailleurs en courtisan plein de prévoyance les intentions de Louis XVIII, qui, dans cette proclamation mystérieuse de janvier 1814 dont je vous ai parlé, appelait textuellement le sénat à renverser Napoléon.

Toutes ces difficultés politiques de la situation rendaient fort intéressante la lutte qui allait s'ouvrir. Je pris ma course vers le Luxembourg. Dans la salle du trône, au milieu d'un groupe d'affidés, se tenait déjà M. de Talleyrand vêtu de la toilette de vice-grand-électeur, c'est-à-dire des culottes de satin, du manteau à la Crispin et de la toque à plumes. Contre votre attente probablement, ce costume ne me fit pas rire du tout. Quand Talleyrand se déguisait, c'est que le carnaval politique tournait au sérieux.

Il s'était transporté de très-bonne heure au sénat; il me parut d'abord comme dans un désert. Les membres de l'assemblée ne se pressaient pas d'obéir à la convocation extraordinaire de leur président. Des estafettes de confiance partaient avec des paroles éloquentes, mais revenaient la plupart du temps les mains vides sans un brin de sénateur. C'était quelque chose de curieux que cet homme habillé en Scaramouche, cherchant une transition de l'empire à la monarchie bourbonienne par une comédie parlementaire, et menacé, en dépit de son talent, de ne trouver rien ni personne.

A chaque minute, l'abbé de Pradt, M. de Montrond, le duc de Dalberg, M. de Jaucourt arrivaient fort essoufflés. Talleyrand inclinait un peu la tête sur son ample cravate, souriait aux nouvelles qu'on lui rapportait de droite et de gauche, et les confidents repartaient d'un pied leste pour parcourir en tout sens le faubourg Saint-Germain et faire la chasse aux sénateurs.

— Si Courtiade du moins avait le temps et la bonne fortune de prévenir Beugnot! murmurait le prince en jouant avec sa courte béquille; nous verrions ici jusqu'à Lenoir-Laroche, tandis que, mal relancé, M. de Pastoret lui-même est capable de ne pas venir.

Lenoir-Laroche passait pour le plus rigide et M. de Pastoret pour le plus accommodant du sénat. C'est entre ces deux symboles extrêmes que le hasard ballottait le triomphe de Talleyrand. L'un formait point de ralliement pour les minorités opposantes; l'autre noyau de coterie pour les majorités complaisantes. Mais Lenoir-Laroche était malade et M. de Pastoret se portait bien. Aussi, toutes les chances semblaient favorables, malgré l'absence de M. Beugnot, quand, vers deux heures et demie, on vit paraître au sommet de l'escalier, comme un avant-garde beaucoup trop diligente, les têtes consulaires de Barbé-Marbois, Destutt de Tracy, Gart, Roger-Ducos, Lambrechts, Pontécoulant, Grégoire, Lanjuinais, en un mot l'opposition entière, compacte et serrée. Ce fut une sensation inexprimable. Cette phalange entra fort mal disposée pour le vice-grand-électeur, qui cependant n'avait rien dit. Il regarda froidement autour du salon. Des analystes comme Bertholet, des philosophes comme Volney, de braves soldats comme Serrurier et Kellermann, tout cela n'était pas rassurant. D'ailleurs on s'écartait de M. de Talleyrand avec un soin qui ne tenait pas moins de la prudence que du respect. Les choses avaient un peu changé depuis la veille et pouvaient, jusqu'au lendemain, changer encore. Le vice-grand-électeur était en effet à égale distance du Capitole et de la Roche Tarpéienne, des Tuileries et de la plaine de Grenelle.

Le prince comprit cela. Plaisanter les timides et caresser les téméraires fut le thème aussitôt adopté et invariablement suivi ; mais les habiles, comme était M. Pasquier, exigeaient plus d'art. Le préfet de police, au surplus si rudement échaudé dans la conspiration Mallet, était fort excusable de prendre ses précautions. A la vue du baron qui se renfermait, dans un coin de la salle du Trône, au sein d'une profonde mélancolie, il passa sur la figure de M. de Talleyrand comme un nuage de sarcasme qui me parut dire :

— Ah! tu ne voulais pas me permettre de rester à Paris! nous verrons bien.

Le prince marcha droit au préfet de police.

—M. le préfet, lui dit Talleyrand d'un air grave, comment se fait-il que le *Moniteur* du 31 mars n'ait point paru?

— Il a paru, monseigneur, mais en demi-feuille.

—C'est précisément ce que j'appelle ne point paraître. On assure que la demi-feuille supprimée aurait contenu un bulletin du roi des Espagnes sur la victoire qu'il remporta la veille, au pavillon du Château-Rouge, à Montmartre, sur les Russes de Langeron.

— Monseigneur plaisante assurément, répondit M. Pasquier avec beaucoup de sang-froid.

— Il me semble, s'écria le prince en changeant tout à coup de ton et de sujet, il me semble, baron, que vous n'étiez pas dans mon salon bleu. Que voulez-vous ! c'est le privilége de l'âge. M. de Pradt, M. de Montesquiou, l'abbé Louis, M. de Jaucourt, ont émigré. Mais vous êtes un jeune homme, vous n'avez que quarante-sept ans.

— Quarante-deux, monseigneur.

—D'ailleurs, ajouta M. de Bénévent de plus en plus radouci, pour tenter une révolution, il faut être disgracié. On ne tient à rien. Mais vous êtes membre du conseil d'état, fonctionnaire public; vous restez fidèle au gouvernement impérial jusqu'à la fin. Voilà du dévoûment. Le *roi* vous en saura gré; il aime les beaux caractères.

En ce moment, une subite émotion se communiqua de la porte de la salle du Trône au groupe dont Talleyrand occupait le centre. On entraînait, on soulevait M. de Pastoret, qui traversa la foule comme une brebis que les victimaires portent à l'autel. M. de Talleyrand, à qui cette entrée triomphale rendait le coup d'état désormais facile, se tourna vers le préfet de police et lui dit d'un ton assez goguenard :

— Vous le voyez, baron : M. de Pastoret lui-même est moins prudent que vous. Après cela, je n'oublierai pas que vous étiez hier, à quatre heures, dans mon antichambre. Le gouvernement du roi fera de vous quelque chose, par exemple grand-cordon...

— Grand-cordon de quoi ?

— Du Lys ! L'ordre du Lys est une idée de Beugnot qui ne manque pas d'élégie. Nous en reparlerons. Je sais bien que vous êtes un peu jeune. A quarante-deux ans...

— Quarante-sept, monseigneur.

— On n'a pas encore la maturité d'un dignitaire. Du reste, suivez le torrent, baron, et distribuez toujours de la charpie. Moi, je vais sauver la France.

A ces mots, il entra dans la salle des Séances, ouvrit la discussion, et, à cette fin, chercha un papier dans sa poche. Suivant M. de Pradt, le vice-grand-électeur s'était muni de deux harangues opposées, l'une écrite par l'abbé lui-même, l'autre par un personnage qu'il ne nomme pas. Si le prince de Bénévent lut la harangue de l'abbé, cela tint uniquement, toujours suivant M. de Pradt, à ce que sa main chercha par hasard la poche gauche, au lieu de la droite.

M. de Talleyrand prit donc la parole. Il y eut une amère ironie du premier diplomate de notre siècle envers le plus grand homme de guerre des temps modernes, lorsqu'il ordonna la lecture du dernier procès-verbal du sénat de l'empire. C'était par un procès-verbal que finissait le gouvernement inauguré par les grenadiers de Saint-Cloud. Si faibles qu'ils fussent, les sénateurs gagnèrent la partie perdue par les Cinq-Cents, qu'ils semblaient venger. L'attention fut religieuse.

—Sénateurs, dit le prince, les circonstances, quelque graves qu'elles soient, ne peuvent être au-dessus du patriotisme ferme et éclairé de tous les membres de cette assemblée, et vous avez senti tous également la nécessité d'une délibération qui ferme la porte à tout retard et qui ne laisse pas écouler la journée sans rétablir *l'action de l'administration*, le premier de tous les soins, par la formation d'un gouvernement dont l'autorité, formée pour le *besoin du moment*, ne peut être que rassurante.

Le symbole politique de M. de Talleyrand est formulé dans ce discours. Tout gouvernement qui cesse de se manifester à ses yeux est tenu pour mort. Grâce à son extrême sobriété de langage, le prince de Bénévent ne compromettait pas un garçon de bureau, laissait entières toutes les questions, et, fût-il revenu, Napoléon, légalement parlant, n'avait rien à dire.

C'est le cas ou jamais de rappeler que si les hommes de l'empire avaient le courage des batailles, ils n'avaient guère celui des délibérations. Rien n'était plus clair, au fond, que le discours de Talleyrand. On ne pouvait mettre l'empereur à la porte avec plus de grâce, mais enfin on l'y mettait. Peu de réclamations s'élevèrent. Le prince de Bénévent ajouta de la manière la plus simple du monde :

— Messieurs les sénateurs ont-ils quelques propositions à faire ?

Il s'en fit certainement, mais de très-vagues. Quelques voix prononcèrent le mot de *constitution*. Talleyrand, persuadé qu'ils iraient plus loin que lui, les attendait là patiemment. La majorité présente croyait toutefois encore que les fortunes de l'empereur et du sénat était solidaires l'une de l'autre.

—Aujourd'hui la *constitution!* dit Volney surpris ; alors demain la *déchéance.*

— Mais, s'écria Beurnonville, qui n'était pas prévenu, le sénat pourra-t-il exister sans tête?

—Depuis quatorze ans, répliqua le bouillant Grégoire, il a bien existé sans cœur.

Ce mot causa une immense rumeur; M. de Bénévent en saisit toute la portée; on ne pouvait *enlever* mieux le débat au profit des Bourbons. Enchanté que le sénat voulût bien se charger lui-même de culbuter Napoléon, Talleyrand se reposait sur son fauteuil et dans sa cravate, lorsque je vis le pauvre Courtiade traverser la salle du Trône d'un air effaré, offrir une prise de tabac à un huissier de la porte et en même temps lui remettre pour le prince un petit billet qui contenait cet avis :

« L'empereur Alexandre vient de sortir. Il se rend à l'état-major de la place Vendôme, où lui seront présentés les officiers supérieurs de la garde nationale. Ces messieurs ont décidé qu'ils paraîtraient devant Sa Majesté avec la cocarde tricolore.»

Il n'en fallait pas davantage pour que la nonchalance de Talleyrand fût corrigée. Aussitôt, chiffonnant le papier avec une grâce parfaite et recueillant les voix sans paraître inquiet, mais de la façon la plus expéditive, il se leva de sa chaise curule, et, d'un ton ferme :

— La matière mise en délibération, dit-il, le sénat arrête :

1° Qu'il sera établi un gouvernement provisoire chargé de pourvoir aux besoins de l'administration et de présenter au sénat un projet de constitution qui puisse convenir au peuple français ;

2° Que ce gouvernement sera composé de cinq membres.

Alors MM. de Valence et de Pastoret, secrétaires de la chambre, s'étant aussi levés, les noms du prince de Bénévent, du général Beurnonville, du comte de Jaucourt, du duc de Dalberg et de l'abbé de Montesquiou furent successivement proclamés par M. le prince de Talleyrand sans la moindre opposition, mais au milieu d'une anxiété visible. Il est clair que le vice-grand-électeur s'adjugeait le pouvoir pour le remettre aux mains de la branche aînée des Bourbons. Tout roué qu'il fût, M. de Talleyrand ne résista pas à l'évidence de cet acte solennel, et il se hâta d'ajouter d'une voix émue :

— Sénateurs, l'un des premiers soins du gouvernement provisoire devant être la rédaction d'un projet de constitution, les membres de ce gouvernement, lorsqu'ils s'occuperont de cette rédaction, en donneront avis à tous les membres du sénat, qui sont invités à concourir de leurs lumières à la perfection d'un travail aussi important.

C'était dorer la pilule même après l'avoir fait avaler. On y met rarement de pareils égards. L'opération avait duré vingt minutes. Ici, nouvelle apparition de Courtiade, nouvelle prise de tabac offerte à l'huissier de la porte, autre billet mystérieusement envoyé au prince. Ce papier-ci disait :

« L'empereur Alexandre vient de rentrer. Il a parfaitement reçu les cocardes tricolores et la garde nationale. L'envoyé de Napoléon, M. le duc de Vicence, attendait son retour à l'hôtel. Sa Majesté et M. le duc de Vicence sont maintenant en conférence. »

M. de Talleyrand aurait donné toutes les constitutions du monde pour être au palais de l'Infantado, dans le cabinet de cet empereur de Russie qui lui glissait des mains comme une anguille dès que l'un et l'autre se perdaient de vue.

— A quelle sauce mettrons-nous le turbot ? se demandaient toujours les sénateurs, mais dans un langage plus officiel que leurs confrères de Rome. Près d'une demi-heure s'écoula. Une foule de propositions éclataient des diverses parties de la salle et se croisaient en tous sens comme un feu roulant de principes.

— Je demande une adresse au peuple français! disait l'un.

Le peuple français est assurément de tous les peuples celui qui a reçu le plus d'adresses.

— Je propose qu'on explique au peuple français les motifs de ce qui se passe! s'écriait l'autre.

Expliquer fut toujours un mot qui donna des sueurs froides à M. de Talleyrand. Cette apostrophe le tira de sa préoccupation inquiète. Il sentait le besoin d'offrir, comme on dit aujourd'hui, *des garanties*. Il se leva, non sans quelque majesté, et reprit en ces termes.

— Sénateurs, je crois qu'il serait plus dans les principes qu'une adresse quelconque émanât du gouvernement provisoire. On peut y joindre des considérants qui résument les idées dont les membres de l'assemblée ont fait l'objet de leur délibération. Ces considérants exposeraient d'abord que le sénat et le corps législatif seront déclarés parties intégrantes de la constitution projetée, sauf les modifications qui seront jugées nécessaires pour assurer la liberté des suffrages et des opinions; ensuite, que l'armée conservera ses grades, honneurs et pensions, que la dette publique sera respectée, la vente des biens nationaux maintenue, la liberté des cultes, de conscience et de la presse proclamée; qu'enfin nul Français ne sera recherché pour ses précédents politiques. Je mets aux voix cette proposition.

M. de Talleyrand achevait à peine ce petit discours, où, un peu malgré lui, le sénat promettait plus qu'il ne pouvait tenir, que le duc de Dalberg se montra subitement dans la salle du Trône. Troisième billet au prince. Le jeune Allemand était agité. Il nous raconta un événement fort imprévu.

M. Bellard, qui fut depuis procureur général, avait intrépidement provoqué une réunion du conseil général du département de la Seine et du conseil municipal de la ville de Paris, où il avait proposé de proclamer la désobéissance au régime de Napoléon et d'exprimer un vœu énergique pour le rappel de Louis XVIII.

Or, la proclamation était déjà affichée partout. Elle avait déjà produit une grande impression sur l'empereur Alexandre. M. de Dalberg en fit remettre un exemplaire à Talleyrand, qui se hâta de la communiquer au sénat. En un clin d'œil, l'allure de la délibération fut changée. Si les votes restaient les mêmes, leur but n'appartenait plus qu'au gouvernement provisoire. Mais, en dépit de la proclamation municipale, comme la formation de ce gouvernement ne décidait pas la question politique, les républicains se croyaient toujours maîtres de la partie, et les amis de la dynastie impériale ne s'imaginaient pas qu'elle fût encore perdue. C'était le lendemain et pour la déchéance que les embarras devaient renaître. M. de Talleyrand, qui avait repris toute son assurance, comprit qu'il y en avait assez de fait pour le moment, et d'ailleurs, plus impatient que jamais de rejoindre Alexandre, les considérants votés, il se leva et dit :

— Je propose que le sénat s'ajourne à neuf heures du soir pour la signature du procès-verbal.

Il était six heures. La porte se rouvrit avec fracas. Le vice-grand-électeur parut sur le seuil, et s'adressant ironiquement à M. Pasquier :

— M. le préfet de police, dit-il sans s'arrêter et en traversant la salle du Trône, que nous donnerez-vous ce soir à l'Académie *impériale* de musique ?

— Le *Triomphe de Trajan*, monseigneur.

— Pas si bête, murmura Talleyrand, pas si bête ! vous pouvez compter sur votre grand-cordon.

Quand on eut refermé la portière de la voiture sur M. de Talleyrand et sur M. le duc de Dalberg, qui l'accompagnait, le disciple se tourna vivement du côté de son maître et s'écria :

— Votre altesse n'a pas un instant à perdre.

Il faudrait prévenir Beurnonville, s'assurer du Corps législatif, pousser encore M. Bellart...

— Ta, ta, ta, ta! fit M. de Talleyrand d'un ton de fausset en l'interrompant; que vous êtes jeune, mon ami! L'empereur Alexandre est le plus ennuyé de tous les hommes. Le meilleur moyen d'en tirer parti, c'est de l'amuser. Voyons : est-ce un mangeur?

— Il n'a pas d'estomac.

— Diable! Je comptais sur mes crépinettes. Est-ce une imagination romanesque?

— Oui et non, suivant les circonstances.

— Alors, menons-le chez madame de Staël. On lui changera la politique en églogue.

— Sans doute, mais il est dévot. Au moment même où votre altesse me parle, M. Pasquier et M. de Chabrol font disposer une chapelle, selon le rit grec, à l'hôtel du ministère de la marine pour qu'Alexandre y entende commodément la messe tous les matins.

— Hein, ce Pasquier! est-il courtisan?

Voilà un gaillard qui fera son chemin. J'avais pensé à tout, excepté à la messe.

— Après Dieu vient le diable. Si monseigneur prenait sa revanche à l'Opéra?

— Attendez donc! le baron donne justement le *Triomphe de Trajan,* une symbolisation, comme, dirait madame de Staël. Rappelez-moi d'abord ce que c'est que le *Triomphe de Trajan.*

— C'est une espèce de chose très-longue, très-bruyante, très-dorée, où l'on voit des chars qui entrent et qui sortent, des éléphans ornés de fortifications, des esclaves qui portent des encensoirs, des chevaux de Franconi...

— Pardon... Y a-t-il des nymphes?

— Mais sous les empereurs romains la mythologie n'existait plus à l'état vivant.

— Ce n'est pas cela. Nous appelons nymphes, nous autres évêques, tout ce qui est femme de théâtre à l'état vivant.

— Oh, il y en a beaucoup! Il y en a de grosses, de petites, de carrées, de pointues, de blondes, de jeunes, de vieilles, d'habillées...

— Assez! Je tiens ma déchéance. Mais qu'est-ce que j'aperçois!

La voiture du prince était arrivée par la rue de Seine au quai Voltaire. La foule se portait vers le Pont-Royal. L'attention semblait fort excitée dans le peuple par un groupe d'officiers russes qui marchaient sur le trottoir et dont les plumets aux milles couleurs se distinguaient de très-loin. C'était Alexandre lui-même qui, après avoir congédié le duc de Vicence et la députation de la garde nationale, avait eu l'envie de prendre l'air et se promenait à pied comme un autre homme.

Ce qui avait surtout frappé les yeux de M. de Talleyrand, c'est qu'Alexandre s'était arrêté près de la rue de Beaune et parlait avec chaleur à un passant qui n'était autre que l'honnête Courtiade. Le valet de chambre, en s'en retournant de toute la vigueur de ses petites jambes du Luxembourg à l'Infantado, avait rencontré le cortége du czar et lui répondait avec humilité, non pas sur la situation politique du sénat, mais sur une simple question de toilette.

L'empereur de Russie, même au milieu des circonstances les plus graves, ne perdait jamais de vue le soin de ses pieds, dont la délicatesse et la petitesse étaient, pour son imagination, un sujet continuel de terreur ou d'amour-propre, suivant qu'il souffrait de cette partie de sa personne ou qu'elle répondait aux exigences de sa vanité. On le voyait quelquefois sortir du bal ou du conseil avec un visage altéré : c'est qu'il avait cru apercevoir une tache à son escarpin. Il rentrait bientôt avec une chaussure nouvelle et une figure riante. Le nuage était passé : le soulier brillait.

Le czar interpellait en effet Courtiade à propos de chaussure, mais M. de Talleyrand, qui voyait la déchéance de Napoléon partout, fit tout d'abord arrêter sa voiture.

— Voici le czar lui-même, fit-il remarquer au duc de Dalberg. Mon bonhomme, descendez vite et obligez-moi de dire à Courtiade qu'on ne serve pas ce soir de crépinettes à sa majesté. C'est un plat d'une séduction inexprimable ; le czar n'y résisterait pas, son estomac serait malade, cela lui porterait demain sur les nerfs, et la déchéance serait flambée.

— Vous soignez le détail, monseigneur ; vous avez du génie.

— Je le sais bien. Ensuite vous agirez de sorte que sa majesté éprouve un violent désir d'aller, après dîner, à l'Opéra.

— Mais c'est impossible !

— Impossible? Je vous répondrai, comme l'*usurpateur* : « Ce mot n'est pas français. » Qu'avez-vous donc fait, monsieur, de vos grandes lettres de naturalisation?

M. de Dalberg se mordit les lèvres, ne souffla pas un mot ; le marchepied s'abaissa, et il disparut.

Talleyrand continua sa route, en apparence fort tranquillement, vers la rue Saint-Florentin, mais il n'était pas moins très-préoccupé de ce que l'empereur de Russie avait pu demander à Courtiade. Afin de ne plus perdre Alexandre de vue, le prince de Bénévent avait chargé M. Barthélemy, vice-président du sénat, de procéder à sa place, dans la séance de neuf heures du soir, à la signature du procès-verbal. Le nombre des signatures apposées et le résultat de la mission chorégraphique de M. de Dalberg, vivement attendus, rendirent le dîner sombre. Je n'y étais pas à mon aise, quoique le plus modeste des convives. On servit des crépinettes ; le prince, pour se distraire, en mangea énormément. Vers dix heures, le bruit d'un carrosse qui sortait de la cour de l'hôtel nous apprit que M. de Dalberg avait enfin réussi, et au même instant la porte de la salle, en s'ouvrant avec réserve, laissa paraître le valet de chambre, une copie du procès-verbal à la main.

— Un bonheur n'arrive jamais seul, me dit le prince en prenant le papier; Sa Majesté part pour l'Opéra, et je suis persuadé que le nombre des signatures est magnifique.

Il y en avait soixante-six. Mais, en retranchant les neuf membres qui représentaient dans ce chiffre des territoires étrangers réunis par la conquête à la France, en joignant à ces neuf membres Beurnonville et Jaucourt, intéressés dans le gouvernement provisoire, Talleyrand, qui ne comptait que pour lui, et M. de Pastoret, qui ne comptait pour rien, on trouve que cinquante-trois personnes, sur un corps politique où siégeaient cent quarante individus, ont disposé sommairement du pays. Tant de facilité devait épanouir le prince.

— A propos, Courtiade, dit-il avec un entrain charmant, Sa Majesté vous a parlé sur le quai Voltaire. S'agissait-il du sénat ?

— Non, monseigneur. Il s'agissait de la boue de Paris.

— C'est autre chose. Et que vous demandait le czar?

— Le czar me demandait pourquoi nos rues étaient si crottées.

— Observation vraie et qui prouve que le czar voyage en philosophe à la tête de ses armées. Vous avez répondu?

— J'ai répondu : « Sire, nous n'étions pas prévenus qu'un héros y passerait aujourd'hui. »

Pour le coup, Talleyrand fut radieux; son valet de chambre lui-même travaillait à la déchéance de Napoléon, et, si peu maintenant que les nymphes de l'Opéra fissent de pirouettes à l'intention du colosse du Nord, la branche aînée des Bourbons absorbait le soleil d'Austerlitz. Le pauvre empereur de Russie me représentait exactement un homme que des tailleurs veulent revêtir d'un habit difficile. Le duc de Vicence, envoyé de Napoléon, lui disait : « Passez le bras gauche ; » à quoi le duc de Dalberg répliquait aussitôt : « Commencez par la manche droite. » Avant son départ pour le théâtre, malgré la nomination du gouvernement provisoire, le czar résistait encore, sur la question de déchéance, à M. de Nesselrode et au comte Pozzo. Talleyrand espérait que le Triomphe de Trajan achèverait de faire endosser au czar, si ce n'est tout d'abord la vieille dynastie, au moins une régence provisoire. Les conversations politiques s'ouvrirent immédiatement sur ce genre de redingote.

Mais, à minuit, nous entendîmes distinctement rentrer dant la cour de l'Infantado le carrosse qui en était sorti vers dix heures. M. de Talleyrand, assis au whist, posa un doigt sur sa bouche, et il se fit sur-le-champ dans son salon un majestueux silence. Des pas précipités résonnèrent au dehors. Quelqu'un se montra comme tombant des nues. C'était Dalberg.

— Comme il est agité! dit le prince en lâchant ses cartes.

— Le préfet de police a restauré la monarchie des Bourbons! s'écria le duc avec des larmes dans la voix.

— Encore Pasquier ? C'est donc une couleuvre, que ce grand serpent là ?

— Mon cœur bat à me fendre la poitrine! reprit le jeune homme tout exalté.

— Vous montez les escaliers trop vite, fit observer sèchement M. de Montrond.

— Des bêtises! ajouta Talleyrand en haussant l'épaule; mais le vin est tiré, il faut le boire. Parlez, monsieur: on vous écoute.

— Eh bien! on a changé le spectacle, dit M. de Dalberg; le czar, par modestie, ne voulant pas du *Triomphe*, on lui a offert la *Vestale*. Il y a d'ailleurs dans la *Vestale* un triomphe qui vaut bien celui de Trajan, et pour un dévot les *nymphes* y ont un attrait de plus. Je n'ai jamais vu tant de Romains à la fois. M. Pasquier en avait mis sur les corniches, sur les frises, sur les statues, sur les toits, sur les aqueducs. Prêtres, soldats, décurions, vexillaires, esclaves, tout cela formait un peuple immense qui sympathisait avec le peuple de la salle. C'était Alexandre lui-même qui semblait descendre du Capitole, et les sénateurs en toges, chaussés de sandales, précédés de faisceaux, marchant au fond du théâtre, paraissaient sourire aux Pères Conscrits de Bonaparte humblement assis à l'orchestre. A ce moment tous les yeux se sont involontairement portés sur l'aigle colossal qui se trouve encore dans l'enceinte de l'Opéra. M. Pasquier, aussi prudent que délicat, avait ordonné qu'on jetât sur l'oiseau un crêpe funèbre.

— A la bonne heure! s'écria Talleyrand, tant d'esprit me console.

— *Castigat ridendo mores,* ajouta M. de Montrond.

— Je ne vous comprends pas, dit le prince.

— *Le rideau cache les morts.*

— Exactement! reprit le jeune duc. Ce crêpe funèbre était le symbole de la déchéance. Mais l'allégorie, un instant obscur, a frappé surtout les regards lorsque Laïs s'est avancé au bord de la rampe et a chanté le couplet suivant, sur l'air de *Vive Henri IV* :

> Vive Alexandre,
> Vive ce roi des rois !
> Sans rien prétendre,
> Sans nous dicter des lois,
> Ce prince auguste
> A le triple renom
> De héros, de juste,
> De nous rendre un Bourbon !

M. de Dalberg achevait à peine ce dernier vers que le prince ayant levé sa béquille comme un chef d'orchestre, M. de Montrond, M. de Pradt, tout le monde, et moi-même, mon cher enfant, nous reprîmes en chœur les trois premiers vers.

— Cette poésie est digne de M. Pasquier, dit enfin M. de Talleyrand un peu essoufflé; mais soyons justes : le czar aura pleuré ! Le tour est fait.

On s'en aperçut à la physionomie du sénat,

le lendemain samedi, 2 avril; M. Barthélemy présidait encore. Le prince affectait de laisser à ce corps politique sa prétendue liberté tout entière. Cette séance eut lieu de nuit; la majesté de la délibération y gagna. Le gouvernement provisoire s'était déjà révélé par la nomination du général Dessoles au commandement de la garde nationale de Paris et de la Seine, choix essentiellement monarchique. Il se tenait réuni en conseil, prêt à lancer le décret de déchéance sur l'armée. Le duc de Vicence venait enfin de retourner à Fontainebleau auprès de Napoléon avec le projet d'abdication. L'empereur de Russie sentait croître la difficulté d'un dénoûment quelconque à mesure qu'approchait l'heure de prendre un parti. Vis-à-vis de la déchéance, et indépendamment des émotions royalistes de la *Vestale*, l'attitude de Napoléon à Essonne, où était l'avant-garde du duc de Raguse, le tourmentait beaucoup. Talleyrand descendit chez Alexandre.

Tous deux regardaient la pendule avec anxiété. A sept heures et demie, le prince dit d'un ton marqué :

— Le sénat est maintenant réuni au Luxembourg.

— Le duc de Vicence est auprès de l'empereur Napoléon, répondit Alexandre.

— M. Barthélemy ouvre la séance.

— M. de Vicence présente le projet d'abdication à sa majesté !

— Les membres du sénat demandent à grands cris la déchéance, reprit Talleyrand.

— Napoléon refuse d'abdiquer ! ajouta l'empereur de Russie en portant les deux mains à sa figure, comme anéantie.

— M. Lambrechts monte à la tribune.

— Laissez-moi, monsieur ! dit le czar à Talleyrand avec un trouble inexprimable.

Talleyrand se retira, mais plein d'espoir. Lambrechts effectivement avait pris la parole au Luxembourg. C'était un Flamand austère;

il était l'un des trois membres du sénat qui avaient jeté une boule noire dans l'urne d'où sortit l'empire. Flatté par Talleyrand de la promesse d'une constitution libérale, le parti républicain s'était chargé d'enthousiasme de proposer la déchéance ; il tirait exactement les marrons du feu. La déchéance d'ailleurs était une idée familière aux sénateurs de cette fraction de l'assemblée. Grégoire se vantait même d'avoir en portefeuille depuis deux ans un projet qui, pour éclore avec fruit, n'attendait que l'occasion d'une crise. On a publié cette ébauche dans ses œuvres complètes. Mais l'évêque de Blois n'eut pourtant pas les honneurs de l'initiative. Le parti républicain préféra Lambrechts, homme flegmatique. Le citoyen de Liége s'exprima à peu près en ces termes au milieu d'un silence profond :

— Sénateurs, nous avions une constitution ; le gouvernement impérial l'a outrageusement violée. Le peuple français, par conséquent, est dégagé de son serment de fidélité. Je propose donc au sénat de déclarer que la France se sépare de la cause du souverain et que l'empereur Napoléon, ainsi que toute sa famille, est à jamais déchu du trône.

— Appuyé ! s'écrièrent avec transport les républicains et les *Feuillants* du sénat.

Des conversations mornes et précipitées s'établirent à voix basse dans la salle, mais le coup était porté. La tribune resta vide. M. Barthélemy se hâta de recueillir les voix. A ce moment les sénateurs personnellement dévoués à Napoléon et à sa dynastie quittèrent leurs places et sortirent de l'enceinte. Le président ne fit guère que reproduire les paroles de M. Lambrechts, et la déchéance, acte immense et révolutionnaire pour l'époque, dont la pensée même intimidait jadis les plus hardis, la déchéance fut tranquillement proclamée.

Mais ce n'était point assez pour Lambrechts : il reparut à la tribune.

— Sénateurs, dit-il, je demande que l'acte de déchéance qui vient d'être prononcé soit précédé de considérants qui en exposent les motifs.

— Adopté! répliquèrent vivement les républicains. Ils voulaient par ce moyen obtenir une sorte d'engagement, en manière de déclaration de principes, de la part du gouvernement provisoire. M. de Jaucourt et M. de Dalberg entrevirent l'intention. Leur adresse et leur présence d'esprit ne furent pas en défaut.

— Bornons-nous, quant à ce soir, au décret, dit humblement M. de Jaucourt.

— Il est neuf heures et demie. Les considérants à demain, ajouta le jeune duc.

— C'est l'avenir du pays, c'est la critique de l'empire; on ne saurait y mettre trop de réflexion. A demain les considérants! s'écria-t-on de tous les points de la salle.

— Mais qui les rédigera? dit une voix grave.

— M. Lambrechts lui-même, dit M. de Jaucourt avec un geste de courtoisie.

— Bravo !

On se levait en tumulte. M. de Fontanes fit un signe avec la main pour réclamer un peu d'attention.

— Sénateurs, l'importante mesure que vous venez de prendre est surtout attendue avec anxiété par les chefs militaires pour arrêter l'effusion du sang. Je demande donc que le gouvernement provisoire soit invité, dès ce soir même, à la faire connaître de la France entière par un décret.

Cette invitation était bien superflue. Dès le soir même les actes se pressaient. A dix heures, le gouvernement provisoire faisait sur la déchéance une adresse à l'armée, dont le style est remarquable.

« Soldats, y disait Talleyrand, vous n'êtes « plus à Napoléon. La constitution nouvelle

« (qui n'était pas même rédigée) vous as-
« sure vos honneurs, vos grades, vos pensions.
» Vos fatigues cessent ; votre gloire demeure
« entière ! etc. »

Napoléon, dont vous reconnaissez ici la manière brève et la phrase coupée, avait fait école. On lui renvoyait en parodie l'éclat de ses bulletins; on préparait d'ailleurs l'armée de l'empire au nom des Bourbons.

« Des princes nés Français, continuait l'adresse, ménageront votre sang. Ils furent malheureux comme Henri IV ; ils régneront comme lui. »

Enfin, procédant par gradation, Talleyrand écrivait :

« Ils sont au milieu de vous ! »

Ainsi se comblait l'intervalle qui séparait deux dynasties ; un pont était jeté de l'une à l'autre avec des phrases. Quand la France a reconnu la vérité d'un principe, elle laisse volontiers les corps politiques se distribuer la tâche d'en appliquer les conséquences. Le 3 avril, les tribuns adhérèrent purement et simplement à l'acte prononcé par les sénateurs. C'est le contrepied qui eut lieu en 1830.

Quant aux considérants rédigés par Lambrechts, à quoi bon vous les rapporter, mon cher enfant ! Ce n'était qu'une revue sommaire, mais impartiale, des fautes de l'empire. Ces fautes, tout le monde les résume en lisant l'histoire gigantesque de Napoléon. Il n'était pas nécessaire qu'un citoyen de Liége nous les apprit en 1814. Il serait inutile, à plus forte raison, de les reproduire ici.

A dix heures, l'empereur de Russie, habilement abandonné à lui-même par Talleyrand, fut tiré de sa noire tristesse par M. de Nesselrode et le prince Wolkousky. Les deux intimes du czar n'osaient parler.

— Eh bien ! dit Alexandre ? en secouant le bras de son ministre.

— La déchéance est votée, répondit M. de Nesselrode; le sénat lui-même vous en apporte le décret.

Le czar devint pâle, mais la députation attendait. On lui ouvrit la porte.

— Messieurs ? s'écria-t-il en la voyant, c'est à Napoléon que j'ai fait la guerre et non à la France ; *je suis l'ami du peuple français.* Ce que vous venez de faire redouble encore ce sentiment. Il est juste, il est sage de donner à la France des institutions fortes et libérales, qui soient en rapport avec les lumières actuelles. Mes alliés et moi nous ne venons que protéger la liberté de vos décisions.

Cette apostrophe coûtait singulièrement au czar. Il s'arrêta pour maîtriser son émotion. Le sang-froid lui revint à ces dernières paroles.

— Pour preuve de l'alliance durable que

je veux contracter avec votre nation, je lui rends tous les prisonniers français qui sont en Russie. Le gouvernement provisoire me l'avait déjà demandé. Je l'accorde au sénat d'après les résolutions qu'il a prises aujourd'hui.

Pas un mot de la branche aînée ! Cette discrétion d'Alexandre, la France de 1830 la pardonne volontiers à sa mémoire ; mais la conduite du sénat en cette circonstance, la France ne la pardonnera jamais à la mémoire de cette assemblée. Il y a des fautes dont la responsabilité est éternelle !

VII

RÈGNE DE TALLEYRAND.

Deux gouvernements étaient donc en présence : l'un nouveau, provisoire, sénatorial, établi à Paris, dans l'hôtel de l'Infantado, maître de la centralisation administrative et soutenu par les baïonnettes étrangères; l'autre ancien, à racines tenaces plutôt que profondes, national, retranché dans Fontainebleau et délibérant à Blois, puisant ses dernières forces dans ses souvenirs de gloire, dans l'honneur militaire, dans le prestige inséparable d'un grand capitaine.

La restauration de la branche aînée devait se faire sur les débris du second, par l'entremise du premier, avec l'organisation de l'empire et au moyen des réformes libérales, des idées progressives, enfin de tous les ressorts de circonstance que M. de Talleyrand personnifiait d'abord et qu'il faussa ensuite.

Ce fut là précisément la source du pouvoir éphémère mais absolu de M. de Talleyrand. Il n'y a pas d'exemple peut-être dans les annales du monde d'un homme qui ait mieux profité des événements pour faire prévaloir au-dessus de ses contemporains, à une hauteur très-considérable, l'unique ascendant de l'esprit.

La déchéance obtenue, le gouvernement provisoire s'installa dans l'entresol de la maison de son chef. On était curieux de voir comment prendrait le début, et quel serait le début. La nuit du 2 au 3 s'était passée à rédiger des proclamations et à nommer des ministres, le tout provisoire, bien entendu, comme le gouvernement dont M. de Talleyrand avait la responsabilité morale. Impatient comme un oisif, et d'autant plus sceptique, M. de Montrond, après avoir déjeûné, le dimanche, au café Desmares, s'en vint frapper tout doucement avec sa canne à la porte du cabinet de son illustre ami. Courtiade ouvrit, mais avec infiniment de précaution.

— Monseigneur, dit le valet de chambre, est en train de faire une constitution. Il m'a recommandé de ne recevoir que les poissardes, dans le cas où ces dames apporteraient des bouquets à l'empereur de Russie.

— Cela est douteux, répondit M. de Montrond : la Halle tient pour le roi de Rome. Mais une constitution ! à quoi pense donc le prince ?

—Il paraît cependant que monseigneur pense beaucoup, car on a délibéré toute la nuit.

—Quel parfait honnête homme que ce Courtiade !

M. de Montrond poussa légèrement le valet de chambre et entra dans le cabinet. Voici comment le prince de Bénévent faisait la constitution :

Il était assis à une table qui lui servait tout à la fois de bureau et de toilette. Un domestique était occupé avec le plus grand sérieux à poudrer ses cheveux gris. Un autre, le genou en terre, bouclait ses culottes et ses escarpins. Les secrétaires ouvraient les dépêches reçues le matin, en parcouraient rapidement le contenu, jetant celles-ci dans le panier au rebut, empilant celles-là sur le bureau, entre les cosmétiques et les pommades. M. de Montrond s'arrêta sur le seuil de la porte pour admirer le sangfroid avec lequel Talleyrand se laissait revêtir de son habit officiel, tout en ne perdant pas une syllabe des lettres dont les secrétaires lui exprimaient en quelque sorte la substance. La toilette achevée, Courtiade s'avança d'un pas chancelant, les bras chargés de plusieurs boîtes de diverses formes et grandeurs. Ces boîtes contenaient les rubans et les insignes des ordres nombreux dont le prince était décoré. L'indifférence profonde de M. de Talleyrand à la vue de ce complément de l'uniforme contrastait d'une manière si piquante avec l'empressement solennel de Courtiade, que M. de Montrond en fut saisi.

— Votre Altesse aura mangé hier trop de crépinettes, dit le courtisan; je la trouve changée ce matin.

Un mot sur les crépinettes. C'est un plat de petites saucisses qui précipita les jours de M. d'Escars. Toutefois, en 1814, la restauration n'avait pas encore eu le temps de le perfectionner. M. de Montrond flattait les crépinettes.

Un mot aussi sur M. de Montrond. C'était

un gentilhomme de haute race, mais sans patrimoine, que les hasards de la révolution de 89 avaient lié à la fortune de M. de Talleyrand. Elève dédaigneux, il fut peut-être supérieur à son maître qu'il n'appela jamais, sous la restauration même, que *Monsieur Talleyrand.* En 1814, M. de Montrond n'était pas, comme nous l'avons vu dans les derniers jours de sa vie, cloué par les rhumatismes sur le canapé du petit entresol de la place Vendôme. Sa présence, aussi active que sa personne était jeune, se multipliait au gré de tous les besoins politiques et à l'appel de toutes les idées en vogue. Très-entiché des vieilles prérogatives de la vieille noblesse, très-dévoué à la branche d'Orléans dont il avait rallié les membres proscrits en Sicile, très-attaché à son pays dont il résumait brillamment la malice gauloise et le bon sens moqueur, cet homme singulier apportait partout, chez les royalistes comme chez les sénateurs, à l'Infantado comme à l'Elysée-Bourbon, dans le cabinet de Louis XVIII plus tard comme dans la chambre du prince de Condé, une sorte de *patriotisme européen* qui était vraiment le tribunal en dernier ressort pour les bévues du moment. M. de Montrond, à proprement parler, fut la gazette en chair et en os du règne de Talleyrand, et, lorsque les membres du gouvernement provisoire se réunissaient pour faire une concession nouvelle à l'étranger, on pouvait lire sur leurs physionomies la même crainte qu'éprouvent maintenant durant la semaine nos acteurs et nos tribuns à cette pensée noire : — « Qu'en dira le feuilleton de lundi ? »

On lui donnait dans le monde beaucoup de succès dont la cause était peut-être dans son extrême persifflage d'esprit. Il possédait toute l'éclatante uniformité d'un caractère perpétuellement railleur. C'est une preuve que la sensibilité n'est pas toujours le plus court chemin auprès des femmes. Depuis la restauration, les soirées de Madame Récamier et de M. de Bellisle ont un peu adouci cet impitoyable sarcasme. Mais, du temps des crépinettes, M. de Talleyrand avait complétement déteint sur lui.

—J'ai, en effet, de la mélancolie, répondit le prince ; mais cela ne vient pas de l'estomac. Racontez-moi d'abord ce qu'ils ont fait au Corps législatif.

—On a enregistré la déchéance de Bonaparte : voilà tout. Le comte Henri de Montesquiou, vice-président, n'a pas voulu occuper le fauteuil à la place du duc de Massa, qui est à Blois. L'autre vice-président, M. Félix Faulcon, a recueilli soixante-dix-sept signatures pour l'adhésion au décret du sénat. M. Fornier de Saint-Lary avait proposé de clore la liste pour que les membres présents eussent les honneurs de ce vote. Mais on a passé outre.

— Mon cher Montrond, reprit alors Talleyrand après avoir congédié son monde, la parole fut donnée à l'homme pour cacher sa pensée. Obligez-moi donc d'employer tout le charme de votre conversation à tromper le public sur le caractère des aveux étranges que je vous fais aujourd'hui. Le règne de ma dynastie est à la fin venu. Je fonde un empire basé sur la déchéance, édifié par les sénateurs et par les tribuns ; un empire qui ne ressemble en rien à celui de Napoléon, dont la durée ne sera pas éternelle sans doute, mais assez longue néanmoins pour que je goûte les mystérieuses jouissances du rang suprême. Femmes, cuisine, whist, épigrammes, argent, crachats, révolutions, j'ai épuisé tous les genres de bonheur, excepté le bonheur d'être souverain dans mon pays, c'est-à-dire en Europe et par conséquent sur la terre. Ce que fut Robespierre pendant dix-huit mois, Bonaparte durant quinze années, je veux l'être à mon tour, ne serait-ce qu'une semaine, un jour, une heure. A cet égard, ma curiosité est si grande même que, pour premier acte d'un règne sans modèle dans l'histoire, nous donnons ce matin, le croiriez-vous, ami ! à ce peuple français que j'estime et que j'aime, nous donnons une constitution !

— *Monsieur Talleyrand,* fit le comte d'un air grave, je connais la vie : écoutez ma voix fidèle. C'est à peine si l'Assemblée constituante a pu constituer quelque chose. Aurez-vous plus de talent que ses douze cents membres ? Depuis trente ans on ne fait que cela, et on n'est pas plus avancé que le premier jour.

— Ah ! que vous parlez bien comme un gaillard qui s'amuse encore ! J'ai déjà fait cette nuit mon ministère. A propos, qu'en dites-vous ?

— Je n'en dis rien. Impossible de mettre la main sur le *Moniteur* au café Desmares. On se l'arrachait.

— Flatteur ! Nous avons Henrion de Pansey à la justice, le comte de La Forêt aux affaires étrangères, Malouet à la marine, Louis aux finances, Dupont à la guerre....

— Dupont de Baylen ? quelle faute !

— Les capitulations sont à l'ordre du jour. Je continue : Beugnot à l'intérieur...

— Ce n'est qu'un homme d'esprit.

— Un homme d'esprit, Montrond ! c'est ce qu'il y a de plus rare, et c'est pourquoi vous m'êtes si précieux. Les imbéciles sont la vocation de la nature, son travail de tous les jours ; quand elle fait un homme d'esprit, elle y perd ; il lui faut dix imbéciles pour se couvrir de ses avances. Mais poursuivons : le règne de Talleyrand, mon ami, serait indigne de l'histoire, si la postérité ne retrouvait pas dans ses annales quelque bonne mystification à l'adresse de M. Pasquier. Je ne lui pardonnerai jamais de redouter encore, à l'heure où je vous parle, son grand Napoléon. Dans toutes ses ordonnances, dans toutes ses proclamations, dans le moindre arrêté de balayage ou de voirie, pas un mot de Louis XVIII ! Il ne me nuit pas, mais il ne m'aide pas. C'est exaspérant, surtout avec une constitution sur le feu. Destituer cet homme est d'ailleurs impossible, car il tient les secrets de la police de Paris, et vous connaissez le mot de Beugnot : « La police est une goutte d'huile qui filtre dans les ressorts du gouvernement et les empêche de crier. » Ne pouvant destituer Pasquier, je lui joue un tour atroce. Nous avons créé tout exprès un ministère de la police générale pour M. Anglès, le maître des requêtes et le fils d'un de nos plus chers amis. La police de Paris subsiste toujours, mais comme accessoire. Nous ne remplaçons pas M. Pasquier, nous le subalternisons. Voilà de la rouerie !

— Il est trop tard. Une opération stratégique, indépendante du gouvernement provisoire, met ce matin M. Pasquier dans une évidence telle que les coalisés le défendraient même contre vous. Le général Sacken vient de lui envoyer l'ordre de requérir pour le service de l'armée russe tous les bateaux qui se trouveront sur la rivière. Il s'agit de construire un pont au-dessus de la barrière de Bercy. Le préfet de police a obéi.

— Décidément, s'écria le prince, M. Pasquier est un monstre que j'ai réchauffé dans mon sein !

— Mais si nos magnanimes alliés avaient besoin d'un pont?

— Un vrai Français, monsieur, n'eût trouvé aucune sorte de bateaux. On invente un accident, on paralyse volontairement la navigation. Ce n'est pas la première fois que nous nous moquons des Russes. Mais pourquoi ce pont? Qui est-ce qui règne dans Paris? N'est-ce pas Charles Maurice premier? Il y a quelque chose là-dessous. Allez y voir, Montrond. Je cours au sénat... Ah! voici l'*hôtel.*

L'hôtel, c'était le chef des offices de l'Infantado, accompagné de ses quinze marmitons, le bonnet de coton à la main, le tablier retroussé et le couteau de cuisine à la ceinture. L'hôtel venait, suivant l'usage de chaque jour, prendre les ordres de Son Altesse pour le menu du dîner.

— Presque rien, dit Talleyrand : M. Pasquier m'ôte l'appétit. Vingt-cinq personnes, quatre services. Du piquant, du nouveau, de l'inattendu, et même, si c'est possible, du miraculeux. Mais surtout pas de poulet à la Marengo!

Tandis que M. de Montrond s'acheminait vers la Rapée, le prince se rendit effectivement au Luxembourg, où vingt-cinq personnes à peu près étaient réunies pour l'œuvre de la constitution. On comptait d'abord dans ce comité le gouvernement provisoire auquel s'ajouta M. de Nesselrode. Les commissaires du sénat étaient Lambrechts, Barbé-Marbois, Eymery et le duc de Plaisance. Il est inutile de faire voir à quel point cette réunion usurpait le droit de rédiger un pacte social pour la France. D'où tirait-elle son mandat? De la constitution de l'an VIII? Mais cette constitution venait elle-même de tomber avec Napoléon, que le sénat avait déclaré déchu. Jamais gâchis politique ne fut plus complet. Nombre de royalistes criaient même que le vote de la constitution était un empiètement sur le pouvoir royal. D'autres ne voulaient pas de charte du tout. C'était l'opinion de MM. de Polignac et de Sémallé, qui étaient commissaires de Louis XVIII auprès du sénat. Car tout le monde y avait son commissaire. Vous eussiez dit que Louis XVIII couchait déjà aux Tuileries, et cependant Napoléon avait fixé l'attaque de Paris au 5 avril.

— On ne me persuadera jamais, déclarait loyalement Alexandre, qu'un absolutisme si longtemps décrié suffise au besoin du peuple le plus civilisateur de l'Europe.

— Sire, objectait gravement M. de Montesquiou, nous avons consulté les *cahiers* de 1789.

Après le comité s'ouvrit la séance, ou plutôt la conversation dans le sénat, car alors il n'y avait pas véritablement de séance. En prononçant la déchéance de Napoléon, ce corps politique avait posé en principe que, dans une monarchie constitutionelle, le monarque n'existait qu'en vertu de la constitution. M. de Tallerand comptait bien se prévaloir de ce principe auprès de Louis XVIII pour n'abdiquer entre ses mains le gouvernement provisoire qu'à des conditions libérales. Cette illusion divertissait singulièrement les hommes de 89 qui se tenaient en dehors de la crise.

— M. de Talleyrand joue au plus fin, disait partout le cardinal Maury. Il y sera pris. *Monsieur* (Louis XVIII) est plus matois qu'homme de France.

M. de Lafayette partageait cette opinion. Tous deux rappelaient l'affaire du marquis de Favras, mourant victime de l'égoïsme du comte de Provence. Le cardinal Maury racontait même que Favras, la veille de sa mort, avait fait à l'avocat général Talon des aveux qui existaient dans les papiers de cet ancien magistrat et qui flétrissent la mémoire politique de l'aîné des frères de Louis XVI. Madame du Cayla était la sœur de l'avocat Talon ; ce qui expliquerait à la rigueur comment ces aveux restèrent et resteront toujours sans doute un secret. M. de Lafayette d'ailleurs dit positivement dans ses *Mémoires* que Madame du Cayla brûla les papiers de son frère sous les yeux de Louis XVIII.

D'autres parlaient à M. de Talleyrand du billet adressé par le comte de Provence en 1792 au général Dumourier et déposé aux archives de la guerre, d'où l'écarta une main invisible en 1815. Les plus méchants enfin n'oubliaient pas les lettres trouvées par le conventionnel Courtois dans les papiers de Robespierre, et la conduite tenue par Louis XVIII envers Courtois en 1816 prouva que leurs scrupules n'étaient pas hors de saison. Je n'ai pas besoin de vous rappeler, mon cher enfant, que les manuscrits de Courtois, enlevés de son domicile, furent transportés à la police et de la police aux Tuileries.

Mais le pouvoir suprême tournait la tête à M. de Talleyrand. Il ne supposait pas qu'on pût le tromper. Loin de conjurer la rancune de Louis XVIII en supprimant le fameux principe, le chef du gouvernement provisoire, après avoir donné le 3 avril une première lecture de son projet de constitution, eut encore assez de bonne foi révolutionnaire pour demander au sénat, et sur l'invitation de l'assemblée, pour nommer lui-même une nouvelle commission d'examen qu'il composa de membres en partie nettement libéraux. Ce furent Wilmar, Garat, Laujuinais, Cornet, Grégoire et Abrial. Ces nominations faites au milieu d'une extrême surprise, Talleyrand n'eut rien de plus pressé que de rejoindre M. de Montrond.

— Ah! c'est un pont, un vrai pont, tout ce qu'il y a de plus pont! dit le comte avec un soupir. J'ai baptisé même le premier bateau.

— De quel nom?

— Etienne-Denis Pasquier. Les royalistes

sont plus forts que Votre Altesse dans les conseils du roi de Prusse. Alexandre attend le retour du duc de Vicence. On craint la régence de Marie-Louise, on veut précipiter l'abdication. En dépit de la répugnance de la coalition pour les hostilités, le parti de Louis XVIII pousse à une bataille dans l'espoir que les tentatives libérales de votre constitution seront culbutées avec l'armée de Fontainebleau. Si Caulincourt ne revient pas demain avec une abdication pure et simple, deux combats se livreront peut-être en même temps, solidaires l'un de l'autre, mais tous deux mortels pour votre influence, celui-ci au Luxembourg, celui-là dans la plaine de Morangis. Ne voyez-vous pas d'ici, ajouta M. de Montrond en s'avançant vers la croisée, les troupes prussiennes se masser aux Champs-Elysées? Ce sont les réserves de Silésie, dont l'avant-garde occupe Champlan et Palaiseau, tandis que le général Sacken a concentré ses divisions à Charenton et à Saint-Maur. Il a même donné l'ordre de jeter à Bercy un deuxième pont. M. Pasquier, malin comme un démon, obéit encore.

— Eh bien, dit Talleyrand, je m'appuierai sur le peuple. Il y a toujours de l'esprit public en France. Un peu de patriotisme ce soir dans le *Moniteur*, et ma constitution passera demain comme une lettre à la poste.

— J'en doute. Avec le fameux principe?

— Avec le fameux principe.

Quand M. de Talleyrand vint au Luxembourg, le 4 avril, pour la première conférence, le journal officiel publiait à l'instant même deux arrêtés, l'un renvoyant les conscrits dans leurs foyers respectifs : c'était pour le peuple; l'autre proscrivant les chiffres et emblèmes de la dynastie déchue : c'était un gâteau aux Cerbères de l'émigration. Tout ce double jeu fut peine perdue. La discussion prit de l'aigreur; elle porta principalement sur la force numérique du sénat.

— Le nombre des sénateurs doit être illimité! s'écria l'abbé de Montesquiou.

— Mais alors, fit observer Lambrechts, le roi sera maître de la constitution?

— Eh pourquoi, monsieur, le petit-fils de Henri IV n'aurait-il pas tous les moyens possibles de récompenser la fidélité de ses vieux compagnons d'armes?

— Mettez deux cents! dit Grégoire, impatienté, et qu'il n'en soit plus question.

— Il m'en faut cent cinquante mille, reprit l'abbé, si le roi le juge convenable.

— En ce cas, mieux vaut ne pas faire de constitution.

Lambrechts se leva indigné. Les prophéties de M. de Montrond se réalisaient d'autant mieux que durant la conférence arrivaient de Fontainebleau les maréchaux porteurs du premier projet d'abdication, où l'empereur réservait expressément les droits de sa femme et de son fils. Les nobles débris de l'armée française resserraient leurs lignes autour de Napoléon. Sa droite, confiée à Macdonald, s'étendait depuis les hauteurs de Surville jusqu'à Sens, où le général Allix formait l'arrière-garde. On pouvait croire qu'en rassemblant de fortes masses d'infanterie sur la rive gauche de la Seine, en amont, Schwartzemberg projetait secrètement une diversion agressive pour investir Fontainebleau et obtenir une abdication entière. Le mouvement de Sacken sur Charenton et la construction soudaine d'un pont de bateaux à Bercy n'étaient alors que trop bien justifiés.

On comprend que M. de Montrond, en revenant le 5 avril de la Rapée à l'Infantado, avait la figure singulièrement longue. Il trouva son illustre ami en mesure de faire face aux propositions de régence et aux épreuves de la constitution.

— *Monsieur Talleyrand*, dit-il, ça va mal. L'ordre est arrivé hier à minuit de jeter un troisième pont sur la Seine. M. Pasquier obéit de plus en plus fort. Deux mille pontonniers bavarois sont à l'œuvre. Le général Mütflin prétend que c'est pour ne pas exposer Paris au passage des caissons.

— Trois ponts pour des caissons ! s'écria Talleyrand; merci ! il y a ce matin des nouvelles qui donnent à cette attention bienveillante une cause moins philanthropique. Le général Kaisaroff a pris Melun ; le centre de Macdonald est inquiété : tout s'explique. Il fera chaud au sénat.

— Je me vois déjà bourgeois de Moscou, avec un bonnet d'Astracan et le nez gelé. Quel avenir !

— Patience! j'ai pratiqué hier une mine, elle jouera ce soir. Si nous ne sautons pas tous, Louis XVIII épouse ma constitution demain.

— Vous êtes consolant.

La seconde conférence fut naturellement très-vive : elle se ressentait de l'anxiété des partis, de l'imminence d'une bataille. Le fameux principe, *le roi n'existe qu'en vertu de la constitution,* était sauf; mais, pour l'offrir à l'acceptation de Louis XVIII, à quel titre reconnaître la candidature de ce prince? Comment *prendre qualité* au nom d'un homme dont vingt-cinq ans d'absence volontaire avaient prescrit les droits?

— *Sa Majesté* n'a jamais cessé de régner, disait hardiment l'abbé de Montesquiou.

— Vous comptez donc pour rien les faits accomplis depuis 89? répliquait M. de Tracy.

— Que prouvent ces faits contre les droits!

A ces mots éclatèrent des murmures. Les royalistes évidemment abusaient des intentions belliqueuses de l'armée prussienne. M. de Montesquiou réclamait surtout pour Louis XVIII le droit de faire la guerre ou la paix.

— Il y a pas de monarchie, prétendait-il, si le roi n'est pas maître sous ce rapport.

— Depuis que l'ambition des rois a tué tant d'hommes, répliquait Grégoire impatienté, il serait temps que ce droit exorbitant passât au peuple.

— Quel pays! répétait M. de Nesselrode en ouvrant de grands yeux à tous ces débats. Si peu de chose vous arrête, messieurs! Il n'en est pas ainsi chez les Russes. Tout serait fini en moins d'un quart d'heure. Tant pis pour le souverain qui se met en opposition avec l'intérêt général. C'est ce qui se trouve le plus aisément qu'un souverain

A la fin de la journée, le mardi 5, l'irritation était au comble. Les sénateurs commençaient à se repentir d'avoir si lestement congédié Napoléon, et beaucoup de gens compromis souhaitaient que la guerre fît raison des derniers obstacles. Placé entre l'empire et la restauration comme entre l'enclume et le marteau, M. de Talleyrand regrettait un peu les douceurs de la vie privée. Vous savez mon cher enfant, que toute la nuit du 5 au 6 fut employée chez Alexandre par les discussions ouvertes sur le projet de régence. Vers le matin on apprit que le prince de Schwartzemberg se refusait définitivement à marcher avec les troupes autrichiennes contre Fontainebleau, pour ne pas compromettre les droits de Marie-Louise. En même temps, M. de Montrond revint pour la troisième fois de Bercy, mais le visage radieux.

— On a suspendu tout à coup hier le travail des ponts, dit-il au prince. Sacken renonce au passage. Votre mine aurait-elle sauté.

M. de Montrond parlait à voix basse. On était réuni dans le salon bleu. Les maréchaux, Alexandre, le gouvernement provisoire, tout le monde semblait épuisé de paroles et même d'arguments. Ce qui préoccupait maintenant les esprits, c'était l'extrême publicité faite depuis la veille par M. de Talleyrand, on ne savait encore dans quel but, à la proclamation du duc d'Angoulême datée de Saint-Jean-de-Luz, le 2 février, et distribuée dans Bordeaux le 15 mars.

Elle était enfin le 4 avril à Paris. A ce moment, le *général de jour* entra et remit à l'empereur de Russie une dépêche de Schwartzemberg. Le visage du czar, après une rapide lecture, exprima la plus vive surprise.

— Oui, monsieur le comte, ma mine a sauté, souffla Talleyrand à l'oreille de Montrond, et si vous voulez connaître les résultats de l'explosion, obligez-moi d'écouter attentivement le czar. Sa majesté va parler.

Alexandre, repliant la dépêche, annonça d'une voix grave et en ces termes l'événement qui mettait à la fois Napoléon et Louis XVIII à la discrétion du gouvernement provisoire, c'est-à-dire de la constitution du 6 avril ou de son auteur, le prince de Bénévent.

— Vous prétendez, messieurs, dit Alexandre, que le vœu de l'armée française est pour la transmission de la couronne au fils de l'impératrice Marie-Louise, et voici une dépêche du prince de Schwartzemberg qui me prévient que le sixième corps est venu hier soir à Versailles se ranger sous les ordres du duc d'Angoulême.

A ces paroles, mon ami, ce fut un coup de théâtre. Tout le monde jeta les yeux sur le duc de Raguse.

— Vous vous êtes bien pressé, lui dit Alexandre.

On se sépara sous l'impression de cette phrase qui laissait entières toutes les difficultés. Alexandre sortit à pied pour faire une visite au roi de Prusse, à l'hôtel du prince Eugène, où ce monarque était logé. Bien que Frédéric Guillaume fut l'irréconciliable ennemi de Napoléon, en l'absence de l'empereur d'Autriche, et sur le refus de Schwartzemberg de nuire par les armes aux droits de Marie-Louise, il était à craindre que le résultat de la visite ne fût entre les deux monarques un secret accord pour gagner du temps et attendre l'arrivée de François. Les maréchaux d'ailleurs retournaient à Fontainebleau pour avoir des instructions nouvelles. Toutes ces circonstances rendaient enfin M. de Talleyrand maître de la troisième et dernière conférence pour la constitution qui allait s'ouvrir le soir même au Luxembourg, à huit heures.

— La défection du duc de Raguse inquiétera les sénateurs, et la visite au roi de Prusse alarmera les royalistes; toutes les chances sont pour mon gouvernement. Voilà ce que c'est que les hommes. Tibère avait raison : *Diviser pour régner*. Je suis coiffé, Montrond.

En parlant ainsi, Talleyrand victorieux entra dans son cabinet pour donner une audience particulière, vivement sollicitée depuis la veille par M. Friedlander, médecin prussien établi à Paris; le docteur était fort pâle.

— Ah mon Dieu! docteur, feriez-vous aussi par hasard une constitution?

— Il y a bien une autre nouvelle! prince, vous avez la peste à Paris.

— La peste? cependant nos magnanimes alliés ne sont pas des Turcs.

— La peste militaire, monseigneur, le typhus; avec la pourriture des hôpitaux ou la gangrène humide des plaies; ce qui fait deux pestes. Dans l'armée de Silésie, nous perdons un homme sur vingt par jour. On assure que dans la population française la mortalité est encore plus considérable.

—La peste à Paris! s'écria Talleyrand, c'est plus qu'il n'en faut pour perdre M. Pasquier comme préfet de police dans l'opinion publique. Ensuite c'est un argument irrésistible pour que tout le monde ce soir dans le sénat se rallie à ma constitution.

— Si monseigneur voulait recommander au ministre de l'intérieur et au préfet de police un peu plus de surveillance, les débats de la constitution y gagneraient encore, et l'humanité ne serait pas ingrate envers la politique, ajouta M. Friedlander avec une douce raillerie.

— J'en parlerai à Beugnot, mais M. Pasquier

ne fait-il donc pas son devoir? Au lieu de jeter des ponts sur la Seine, que ne livre-t-il dans les hôpitaux une bataille au typhus? Montrond, donnez-moi le *Moniteur*.

On apporta le *Moniteur* à M. de Talleyrand, on y chercha des mesures préventives contre la peste. Mais il n'y avait de la police que l'avis suivant dont un secrétaire fit en partie lecture:

« La bonne foi et la loyauté qui caractéri« sent la nation française ne doivent jamais se « signaler davantage que dans les relations « qu'elle peut avoir avec les sujets d'un mo« narque dont la générosité éclate au plus haut « degré...

— *Et cœtera, et cœtera, et cœtera!* fit M. de Montrond.

— M. Pasquier ne sera jamais académicien, s'écria le prince.

— Qui sait! ajouta M. de Montrond.

— Au fait, jeune homme, au fait!

« S'il se trouvait donc dans cette ville, pour-

« suivit le secrétaire en lisant toujours le
« *Moniteur,* quelques individus assez *peu déli-*
« *cats* pour abuser de l'ignorance où peuvent
« être les soldats de l'armée combinée de la va-
« leur des denrées usuelles et de celle compa-
« rative des monnaies, sans doute ces individus
« *ne seraient pas Français* ou ne mériteraient
« pas d'en porter le nom. Dans tous les cas, ils
« sont prévenus que les ordres sont donnés pour
« les signaler avec soin, et qu'ils seront pu-
« nis, ainsi que le mérite une déloyauté qui ne
« peut se qualifier autrement que sous le nom
« de la plus odieuse escroquerie. »

Je suis persuadé que M. Pasquier, dont le tact en matière de convenances politiques est devenu si fin et si digne, regrette aujourd'hui profondément un excès de précaution où il était trop facile, pour les esprits méchants, de voir quelque empressement à se faire bien venir de l'étranger. N'oublions pas d'ailleurs que la situation du préfet de police, à ce moment point de mire entre tous les partis, était fort délicate. Peut-être même valait-il mieux se taire de l'épidémie que de la proclamer officiellement.

Mais le chef du gouvernement provisoire, loin de partager la discrétion administrative de M. Pasquier, se fit sur-le-champ une arme parlementaire de la révélation du docteur prussien, et il partit pour le sénat, où ne pouvait plus désormais rencontrer d'obstacle un pacte constituant flanqué des horreurs du Typhus et des alarmes de la défection.

Celle-ci n'avait pas eu lieu sans peine. Ce fut exactement la tragédie romaine des légions de Galba, de Probus ou de Septime Sévère, quand le sénat du Capitole donnait au monde antique un maître dont ne voulaient pas les aigles de la patrie campées sur des terres lointaines.

Le général Dessoles en effet avait vu le duc de Raguse après le vote de la déchéance par le sénat.

— Vous connaissez, lui dit-il, mon peu d'ambition ; mais les circonstances m'ont paru si graves que j'ai résolu de jouer un rôle dans le mouvement royaliste de Paris. Je suis convaincu que l'intérêt et le salut de mon pays le commandent. Liberté, liberté sage !

Dans la bouche d'un ancien aide de camp de Moreau ces paroles étaient fort naturelles. Le maréchal n'y cédait pas encore ; aux instances officielles on joignit de ces sollicitations domestiques, de ces requêtes privées qui ébranlent les plus forts caractères. Il n'y a pas loin d'Essonne à Chevilly, quartier général de Schwartzemberg. Le prince allemand écrit à Marmont une lettre pressante. Enfin celui-ci répond en ces termes désormais historiques :

« L'opinion publique a toujours été la règle de ma conduite ; l'armée et le peuple étant déliés du serment de fidélité envers l'empereur Napoléon, je suis prêt à quitter cette armée avec mes troupes. »

Cependant la veille encore, se promenant

avec le colonel Fabvier, l'infortuné maréchal lui disait:

— A de semblables propositions que répondriez vous?

— Je ferais pendre à cet arbre le messager.

Le 4 avril au matin, les coalisés occupaient les positions suivantes: les troupes autrichiennes de Giulay étaient à Villeneuve-le-Roi, le prince de Wurtemberg à Athis, le corps de Wrède à Rungis et Parey; Rajewski et Pahlen à Juvisy, Langeron à Longjumeau, Woronzow à Morangis, Kleist à Champlan et Yorck à Palaiseau. Un ordre du jour de Schwartzemberg fut publié au lever du soleil.

« Le corps ennemi du maréchal Marmont, disait-il, marchera par Juvisy sur la grande route jusqu'à Fresnes où il s'arrêtera pour *repaître* ; il suivra ensuite son mouvement *d'après les ordres du gouvernement provisoire*. Le corps ennemi sera escorté jusqu'à Fresnes par deux régiments de cavalerie bavaroise et de là à Versailles par deux régiments de cavalerie de la réserve russe à cause de l'*indisposition* des habitants de Versailles, cette ville sera fortement occupée par les troupes alliées. »

Un ordre de mouvement de Barklay de Tolly, qui avait remplacé Blücher dans le commandement de l'armée de Silésie, renferme cette phrase caractéristique :

« Le maréchal français Marmont ayant promis de passer *de notre côté* (le texte allemand dit: *zu uns überzugehen*), il doit se diriger sur Fresnes... etc. »

Ce même jour, dans la matinée, les maréchaux Ney, Macdonald et le duc de Vicence, porteurs du premier projet d'abdication consenti par Napoléon à Fontainebleau, en passant par Essonne pour se rendre auprès du gouvernement provisoire, firent part de leur mission au duc de Raguse et lui proposèrent de les accompagner chez M. de Talleyrand; Marmont accepta. Chevilly étant sur la route, on fut obligé, par étiquette, de s'arrêter au quartier de Schwartzemberg ; le duc de Raguse s'abstint de cette visite ; mais tandis que le duc de Tarente se faisait annoncer chez le prince royal de Wurtemberg, Marmont à son tour entra seul chez le généralissime.

— Votre message est tardif, dit le prince au duc de Tarente ; comment l'empereur Napoléon stipulerait-il encore pour ses droits, pour sa famille ou même pour sa personne, quand une partie de son armée se range aux volontés du sénat ?

— L'armée doit être lasse de la guerre, mais il n'y a que Napoléon qui puisse nous délier de nos serments envers lui! répondit généreusement le duc.

— J'ai alors le regret, M. le maréchal, de vous apprendre une nouvelle qui aidera puissamment à la restauration des Bourbons : le duc de Raguse a pris l'engagement, hier, de se retirer avec ses troupes derrière la ligne des coalisés.

Il n'a demandé qu'un acte de garantie pour la sûreté du sixième corps et la personne de l'empereur. Cet événement vous prive de toute votre avant-garde ; la dynastie de Napoléon n'a presque plus d'armée. Ce n'est qu'une famille de gentilshommes à la discrétion du gouvernement provisoire. »

Macdonald sortit du quartier du prince de Wurtemberg dans une violente agitation. En revoyant Marmont, il se plaignit amèrement.

— Dans les circonstances graves où nous nous trouvions l'un vis-à-vis de l'autre, il me semble que vous n'auriez pas dû tout à l'heure entrer seul chez le prince de Schwartzemberg. Est-il vrai que vous reconnaissez l'acte du sénat?

— Cela est vrai, répondit Marmont avec franchise ; mais je me suis dégagé de la convention d'hier jusqu'à mon retour, et je laisse l'ordre à mon plus ancien général de division, en vous suivant à Paris, de ne faire aucun mouvement avant l'issue de la négociation qui va s'entamer.

La circonstance imprévue du passage des trois commissaires fit probablement remettre le mouvement au 5; dans l'intervalle le général Gourgaud, aide de camp de l'empereur, vint de Fontainebleau à Essonne, et sur la nouvelle du départ du duc de Raguse, montra une douleur si vive que les généraux de Marmont s'effrayèrent du ressentiment de Napoléon. Le sixième corps comprenait huit divisions, onze mille cinq cents hommes, quarante-huit canons; parmi les généraux de division, Ricard avait depuis longtemps rallié le gouvernement provisoire et commandait même déjà la place de Paris. Lucotte était détaché avec ses troupes à Corbeil, et Chastel n'était pas dans le secret. Le mardi 5, au point du jour, le plus ancien général de division tint un conseil; les avis furent partagés.

— Ne précipitez rien, dit Compans, et attendez au moins le retour du maréchal!

— Le tigre aime le sang, répondit quelqu'un

en parlant de Napoléon, et pour mon compte je n'ai pas envie d'être fusillé.

L'infanterie commençait à traverser le pont d'Essonne. Il y avait là, sous les murs d'un cabaret, un feu de camp allumé où se réchauffait le groupe des généraux, morne et immobile. Ne comprenant rien à l'ébranlement des troupes, le colonel Fabvier s'avance avec inquiétude.

— Que signifie ce mouvement? demande-t-il au plus ancien général de division.

— Colonel, j'ai des ordres et vous devez les suivre.

— Mais nous marchons à Schwartzemberg ! est-ce pour l'attaquer ?

— Le maréchal s'est mis en sûreté. Moi, je suis de haute taille, et je ne me soucie pas d'être raccourci par la tête.

Le colonel Fabvier s'éloigne à franc étrier pour prévenir le duc de Raguse; le mouvement continue; on marchait dans un profond silence.

Persuadées qu'elles dérobaient par ce mouvement une combinaison stratégique à l'ennemi, les troupes ne proféraient pas un murmure. L'attaque de Paris, précédemment fixée au 5 par Napoléon, confirmait dans une erreur que devait suivre une bien affreuse lumière. L'ordre de la marche, tout de bataille, était une illusion de plus; la cavalerie du général Bordesoulle formait l'avant-garde; l'infanterie venait ensuite sur deux colonnes entre lesquelles défilait l'artillerie; les escadrons du général Chastel fermaient le convoi funèbre de tant de braves qu'on menait sans mot dire à la mort de l'honneur militaire, à la défection. Cet ordre était favorisé par les belles dimensions de la route d'Essonne à Ris, qui se prolonge sur la rive gauche de la Seine par deux magnifiques rangées d'ormes; le soleil enfin était levé, la campagne radieuse, tout promettait la gloire.

Mais, après avoir passé Ris, les hulans de Pahlen occupant Juvisy, on aperçut les vedettes russes sur ce plateau dessiné en avant de Morangis par l'Yvette et l'Orge. L'avis secret du mouvement leur étant connu, elles se replièrent aussitôt. Nos pauvres soldats ne comprirent pas d'abord cette disparition des vedettes, qui avait pour but de donner l'éveil aux deux régiments de cavalerie bavaroise, libéralement offerts pour escorte jusqu'à Fresnes par Schwartzemberg au duc de Raguse; les Bavarois du prince de Wrède tenaient Rungis et Parey, à gauche du chemin de Juvisy et derrière le plateau. Cet acte singulier de défiance polie s'exécuta facilement, et les deux régiments côtoyèrent le flanc de nos colonnes jusqu'à Fresnes, mais sans les attaquer, comme un nuage sombre et glissant à l'horizon.

Ce fut alors qu'un sentiment de crainte généreuse aiguisa tous les regards qui cherchaient à percer le mystère de cette noire perspective. Les troupes de Marmont, celles surtout qui s'étaient battues devant Paris, n'avaient pas pour usage de s'attacher les Bavarois comme flanqueurs. La marche ne fut pas ralentie; mais de sourds murmures circulaient dans les rangs; on savait que la ligne des alliés commençait au plateau de Morangis. Les voltigeurs grommelaient sous leurs moustaches.

— Vois-tu ces corbeaux là bas? disait l'un; ils sont à portée.

—Hum! ça me vexe tout de même de ne pas causer avec, répondaient les grognards.

—Où allon-snous, général? demandaient vivement les officiers.

— Mes amis, faites comme moi, obéissez!

Jamais la discipline militaire n'offrit un sacrifice plus douloureux ni de victimes plus résignées. Au delà de Fresnes, les régiments bavarois furent relevés par les cuirassiers russes de Woronzow qui étaient campés à Morangis et qui s'étaient portés dans la nuit à la Croix-de-Berny par la route de Longjumeau. Schwartzemberg eut la prudence de ne pas comprendre de troupes prussiennes dans l'escorte, bien que les généraux Kleist et Yorck fussent à Palaiseau et à Champlan. Le conflit aurait été inévitable et terrible.

A la Croix-de-Berny, on ne pouvait plus se faire illusion sur le caractère du mouvement. La nouvelle patrouille de cuirassiers russes, en filant vers Antony, révélait suffisamment l'intention de suivre le sixième corps jusqu'à Versailles. D'ailleurs les masses ennemies, allongées en rideau de Juvisy à Verrières, ne cachaient plus maintenant à l'éclat du soleil leur échiquier de lances aux flammes bariolées et de canons miroitans; d'effroyables lueurs traversaient enfin les ténèbres de cette marche, et deux cent mille hommes, l'arme haute, séparaient désormais nos colonnes, comme une muraille de fer, de l'armée de Fontainebleau.

Au débouché du chemin de Fresnes, le long des murs du parc de Berny, les éclaireurs polonais, qui marchaient en tête et dont les soupçons se ressentaient de leur haine pour les russes, arrêtèrent court leurs chevaux; ils tournèrent bride, ils remontèrent comme une flèche, ventre à terre, le flanc des escadrons de Bordesoulle en criant:

— Trahison!

Un frémissement électrique parcourut la colonne; ce fut aussitôt une explosion de cris de rage, d'apostrophes véhémentes, de reproches furieux; les uns faisaient halte comme frappés de stupeur, les autres rebroussaient chemin avec des gestes de désespoir; ceux-là au contraire poursuivaient leur voyage, mais la tête basse et l'œil morne, avec la conscience d'une humiliation irrévocablement subie. Les soldats s'étaient assis sur le bord de la route en pleurant comme des enfants. Il y eut des guidons qui déchirèrent leurs banderolles tricolores et enfouirent leurs aigles dans les fossés. Quand la soudaineté et l'incohérence de ce premier tumulte fut un peu moins confuse, des propositions énergiques se firent jour de toutes parts.

— Il faut passer sur le ventre à Woronzow!

— Retranchons-nous dans Antony et Verrières!

— Mettez vos pièces en batterie au-dessus de la Bièvre!

— Qui est-ce qui déjeune avec des cartouches?

On s'était aussi arrêté pour *repaître*, comme disait élégamment Schwartzemberg; ce repas fut sombre, une véritable communion de martyrs. La colonne attendait les éclaireurs polonais, mais ils ne revinrent pas; leur groupe s'était fait jour entre les vedettes ennemies et avait regagné Fontainebleau; quelques officiers voulaient absolument le suivre.

— Messieurs, vous allez vous faire tuer! s'écria Chastel en les retenant avec émotion dans ses bras.

La marche continua, les cuirassiers russes toujours en flanqueurs, jusqu'à Velisy et à travers le bois de Verrières, il n'y eut que de la résignation et pas de colère; à quoi bon de la rancune! la défection n'était-elle pas, suivant le dictionnaire politique, *un fait accompli?*

Cependant Alexandre avait trouvé le roi de Prusse contraire à la régence, et le duc de Raguse était parti pour Versailles. A huit heures, comme Talleyrand entrait au Luxembourg, M. de Nesselrode vint d'un air inquiet à sa rencontre.

—Savez-vous ce qu'on dit? à la vue de Marmont, le sixième corps s'est révolté, on avait sottement parlé aux troupes de les transporter en Sibérie; les généraux ont échappé avec peine aux coups de fusil, et c'est au dévouement des officiers que le duc de Raguse a remis le soin de conduire les soldats à Mantes.

— Qu'importe! répondit le prince. Napoléon est découvert, voilà l'essentiel; d'ailleurs nous avons le typhus, et, ce qui est plus joli, la gangrène humide des plaies. Il n'y a plus moyen de résister.

M. de Talleyrand monta aussitôt à la tribune où il parla fort adroitement du mauvais air de Paris et de l'encombrement des hôpitaux; il rappela magnifiquement la peste d'Athènes, cita Thucydide et s'étendit même sur la possibilité que le bouton d'Alep pénétrât en France au moyen de l'ancien contact des armées russes avec les Orientaux. On eut peur d'une épidémie. Il se fit de part et d'autre beaucoup de concessions.

— Et les maréchaux abandonnent-ils décidément le projet de régence? lui demanda-t-on.

— Pas encore, répondit Talleyrand avec une tristesse étudiée.

On se rapprocha de plus en plus. Effrayé du mouvement impérialiste des troupes cantonnées à Versailles, l'abbé de Montésquiou consentit le scandaleux article où les sénateurs changeaient en propriétés inaliénables des majorats dont ils n'avaient que l'usufruit et qui appartenaient au domaine de l'état. Incertains de l'abdication définitive, se souciant peu du typhus, les sénateurs, de leur côté, n'exigèrent plus que Louis XVIII ne régnât qu'en vertu de la constitution; ils insistèrent seulement pour qu'il l'acceptât purement et simplement avant de monter sur le trône, ce qui n'était pas du tout la même chose. La souveraineté du peuple fut ainsi étouffée pour quinze ans.

— Maintenant, dit Charles-Maurice à M. de Montrond après la séance, que pensez-vous du début de mon règne?

— Je ne le juge pas, répondit le comte, mais c'est bien mené. Passons à un autre exercice.

La constitution sénatoriale bâclée en trois jours et les troupes désorganisées par la défection, le droit passait du côté de la force; les Bourbons de la branche aînée semblaient rentrer en France par la porte de toutes les nécessités réunies. Evidemment Charles-Maurice était débordé par le parti royaliste, auquel il avait servi de marchepied, et il n'inspirait plus aucune confiance au parti républicain, dont il avait trompé l'espoir. Le chef du gouvernement provisoire, exalté par l'œuvre de la constitution du 6 avril, comptait encore sur l'éducation britannique de Louis XVIII. Il fut aisé de voir, dès que vint le quart d'heure de Rabelais, à quel point les craintes du cardinal Maury seraient justifiées.

Le duc de Vicence, les maréchaux Macdonald et Ney étaient de retour à Fontainebleau le 6 entre minuit et une heure du matin. Dans le courant de la journée du lendemain, M. de Talleyrand reçut du prince de la Moskowa la lettre suivante :

« Je me suis rendu hier à Paris chargé de pleins pouvoirs pour défendre la dynastie de Napoléon auprès de S. M. l'empereur de Russie. Mais un événement imprévu (la défection) ayant tout à coup arrêté les négociations, l'empereur consent à l'abdication entière et sans restriction. »

— Abbé, dit le prince de Talleyrand à M. de Montesquiou, écrivez au petit-fils de Henri IV, que le trône de saint Louis n'attend plus que l'héritier de Louis XIV, et recommandez-lui bien de se faire faire à Nancy un habit de garde national. Puisse Lafayette n'être pas trop mécontent de moi !

Le vendredi saint, 8 avril, dans la nuit, une voiture de poste entraînait à toutes brides vers Nancy le porteur de ce message, qui était M. le vicomte Sosthène de la Rochefoucault. Le comte d'Artois, entré en France par Vesoul, se trouvait alors au palais de la préfecture de la Meurthe avec le comte François d'Escars, son capitaine des gardes, l'abbé de Latil, son aumônier, et MM. de Trogoff, de la Salle, Melchior de Polignac et de Wall, ses aides de camp. L'ancienne résidence des ducs de Lorraine, ancêtres de

Marie-Antoinette, n'inspirait pas au beau-frère de cette reine infortunée le moindre doute sur l'infaillibilité des doctrines dont elle avait payé de sa tête la dangereuse orthodoxie. C'est un des caractères de la branche aînée de n'avoir de confiance que dans les événements ou pour les idées qui sympathisent avec les préjugés de leur famille. Ainsi le comte d'Artois avait déjà pris le titre suranné de *Monsieur*, que ne lui reconnaissait pas la constitution du sénat, et la cocarde blanche, sur laquelle n'avait rien résolu le gouvernement provisoire.

— Que pensez-vous de la vieille garde ? dit-il cependant au vicomte.

— Il faut la détruire ou l'adopter; pas de milieu! répondit sans hésiter et avec justesse M. de la Rochefoucault.

Toute la marche du petit-fils d'Henri IV depuis Nancy jusqu'à Paris, fut un démenti quotidien aux espérances libérales que les sénateurs constitutionnels avaient conçues. Dans quelques départements réacteurs la constitution du 6 avril eut même les honneurs de l'autodafé, et la haine invétérée du drapeau tricolore perçait dans les actions, dans les paroles, dans les plus simples gestes du voyageur auguste.

— Depuis les frontières, disait-il à tout le monde, je passe entre une haie de cocardes blanches. Prenez, mes amis, prenez: c'est la couleur de votre roi.

Les courriers se succédaient à l'Infantado, rapportant à M. de Talleyrand la singulière tournure que donnait le comte d'Artois au changement de régime. Cette conduite semblait même si téméraire aux hommes d'expérience, que le marquis de Rivière, en surveillance à Bourges pour le compte de l'empire, ayant voulu se rendre en Lorraine, M. de Sémonville, commissaire de Napoléon dans le Berri, le pria de rester chez lui. Au cours des choses, l'ex-conventionnel croyait possible un mouvement en faveur de Marie-Louise. A Paris, les royalistes, de leur côté, ne perdaient pas une minute. Dès le 9 avril, le général Dessoles avait fait prendre la cocarde blanche à la garde nationale. M. de Talleyrand eut réellement peur d'être emporté par l'entrain du parti.

— J'ai besoin d'une diversion irrésistible, ou nous sommes flambés, répétait le prince au gouvernement provisoire. M. Pasquier n'est d'aucune ressource.

— Si fait, Monseigneur. L'affaire Normont vient demain à la cour criminelle.

— Qu'est-ce que c'est que l'affaire Normont ?

— C'est une dame de Choisy qu'on a empoisonnée trois fois, une autre marquise de Ganges. Il y a une scène de brigands masqués avec lanterne sourde, breuvage mystérieux, bâillon dans la bouche. Hannah Radcliff n'écrit pas plus noir. Les avocats ont promis de l'émotion.

— Vous m'intéressez, Montrond, dit le

prince, mais trois empoisonnements, pour l'effet sur les masses, ne valent pas encore un petit-fils de Henri IV.

Le mouvement royaliste ne s'en tint pas là. En se réveillant le 10 avril au matin, les Parisiens eurent pour bonjour un spectacle extraordinaire. Entre huit et neuf heures, l'infanterie de l'armée coalisée occupait le côté nord du boulevard, depuis la rue Royale jusqu'à la Bastille. Le côté opposé était occupé par la garde nationale. Au centre de la place de la Concorde, sur l'emplacement actuel de l'obélisque, se trouvait une plate-forme carrée, élevée d'une douzaine de marches au-dessus de la voie publique, et sur laquelle on avait dressé un autel. A midi moins dix minutes, sept prêtres du rit grec, dont un évêque, revêtus de leurs chappes et portant de longues barbes, traversèrent lentement la place. A midi et demi, l'infanterie coalisée s'avança, en marchant sur vingt-trois hommes de front, par la rue Royale. Elle était suivie par la cavalerie. Les troupes se rangèrent avec la plus grande précision autour de la place jusqu'à ce qu'elle fût remplie. Les premiers rangs près de l'autel étaient réservés à la garde nationale; on y voyait même les escadrons de cavalerie nouvellement formés par suite d'une souscription ouverte chez M. de Noailles.

Les souverains coalisés s'avancèrent à leur tour derrière ces troupes, suivis d'un brillant état-major où se remarquaient beaucoup d'uniformes anglais; parvenus au pied de l'autel, ils descendirent de cheval, et, précédés du clergé, montèrent les degrés de la plate-forme. Tout le monde resta debout, même Frédéric-Guillaume, malgré son visible état de fatigue, et la tête nue, à l'exception des gardes nationaux, qui conservèrent leurs chapeaux durant la cérémonie. L'évêque célébra la messe de pacification générale au milieu du plus profond silence; on n'entendait pas retentir une bayonnette ou piaffer un cheval. Après avoir fait baiser la croix aux princes et aux officiers supérieurs, le célébrant l'éleva des deux mains au-dessus de l'assemblée. Cent coups de canon annoncèrent à la capitale ce moment du service divin, dont la solennité n'empêchait pas les plus vifs quolibets de circuler autour du gouvernement provisoire, gravement assis dans la personne de ses membres au balcon du ministère de la marine.

— C'est l'*Europe en armes* qui fait ses pâques à Paris! (On était précisément au dimanche de Pâques.)

— On se croirait à la fédération du champ-de-mars. (M. de Talleyrand y avait dit la messe).

— J'ai vu la fête de l'Être-Suprême, célébrée par Robespierre; c'était moins beau, déclarait modestement le général Beurnonville.

Le soir même arrivait chez la comtesse Charles de Damas, au château de Livry, près de Bondy, le comte d'Artois en personne, assez maladroit pour suivre exactement le chemin qui avait conduit le 30 mars les coalisés sous les murs et dans les murs de la capitale. Toute la journée du 11, ce ne fut qu'un pèlerinage de Paris au château. Le mardi 12, je me rendis de bonne heure à l'extrémité supérieure du faubourg Saint-Martin et je m'arrêtai à l'endroit où la route de la Villette coupe celle de Pantin. A quelques pas en avant de la barrière, vers une heure moins un quart, les voitures de M. de Talleyrand, de quelques maréchaux et du corps municipale parurent à la file, et le cortége fut un moment interrompu.

— Monseigneur, dit Talleyrand à *Monsieur*, le bonheur que nous éprouvons en ce jour de régénération est au delà de toute expression, si monseigneur reçoit avec la bonté céleste qui caractérise son auguste maison l'hommage de notre religieux attendrissement et de notre dévouement respectueux.

(Je n'aime pas les épinards, et j'en suis bien

aise; car, si je les aimais, j'en mangerais, et je ne puis les souffrir.)

Telle fut l'origine de cet amphigouri célèbre qui a passé de l'histoire dans la caricature. En rapprochant la harangue du prince et la parodie du dessinateur, vous verrez, mon ami, que l'avantage dans la plus spirituelle bêtise appartient encore à M. de Talleyrand.

On remarqua l'absence de M. Pasquier. Le préfet de police avait trop d'habileté pour se mettre en opposition avec le sénat. Quant à M. de Chabrol, qui reçut le prince à la tête du conseil municipal et comme préfet de la Seine en dedans de la barrière, son discours assez étendu renfermait ces paroles, qu'on peut appeler hardies pour le moment et pour cette triste époque : « Des temps de désastres qui ne furent *ni sans gloire ni sans éclat* pour l'honneur français, etc., etc. » La république et l'empire n'eurent pas ce jour-là d'autres compensations.

A M. de Chabrol comme au gouvernement

provisoire le comte d'Artois ne répondit que par des phrases vagues. Il manqua d'à-propos, et ce ne fut que le lendemain dans le *Moniteur*, et après la correction de M. Beugnot, que les badauds admirèrent l'improvisation suivante :

« Plus de division ! la paix et la France. Je la revois enfin, et rien n'y est changé. Il n'y a qu'un Français de plus. »

Ce n'était pas trop de tout l'esprit emprunté de cette phrase pour rassurer la partie de la population parisienne dont le bon sens reste insensible aux émotions romanesques. Déjà, à l'endroit de la route où je me trouvais, le cortége avait été coupé par une colonne d'environ 20,000 hommes de l'armée russe qui affectait de sortir de Paris à l'instant où le *fils de France* en franchissait le seuil. Personne, dans les gens de sang-froid, ne fut dupe de cette scène de comédie. On dut même en apprécier suffisamment l'effet lorsque les regards de la foule aperçurent à la queue du cortége un détachement de cosaques qui en fermait la marche. Nouvelle maladresse que le *Moniteur* n'avoua pas dans ses descriptions, mais qui est de l'histoire aussi bien que la restauration elle-même.

D'autres et de plus sérieuses déconvenues alarmaient le pays. Montesquieu a écrit quelque part à peu près en ces termes : « Il y a des choses qu'on répète toujours parce qu'elles ont été dites une fois. » Depuis la frontière, le comte d'Artois prenait, outre le titre de *Monsieur*, la qualité de *lieutenant général du royaume*, comme inhérente à son rang de frère puîné de Louis XVIII, qui d'ailleurs n'était pour rien dans cette fantaisie. A force de parler du lieutenant général du royaume, les Parisiens avaient fini par y croire. Mais le sénat, indépendamment de l'étrangeté féodale d'une pareille attribution, voulait naturellement qu'elle ne fût déférée au prince qu'en vertu de la constitution du 6 avril et sous toutes réserves de l'acceptation par le roi de ce contrat politique. Il n'y eut pas moyen de s'entendre dans la journée du lundi. Le sénat alors refusa hardiment de se joindre au cortége.

Cette absence ne fut pas moins remarquée que celle de M. Pasquier. Un corps de musique qui jouait l'air de *Vive Henri IV* en cachait difficilement la gravité. Beaucoup de royalistes avaient d'énormes plumets blancs à leurs chapeaux. Je distinguai très-bien M. de Châteaubriand. Enfin venait *Monsieur*, vêtu de l'habit fait à Nancy et portant la plaque du Saint-Esprit. Il montait un cheval blanc devenu célèbre; il était entouré d'un état-major où figuraient quelques-uns des maréchaux, Oudinot, Marmont, Serrurier, Moncey, Kellermann, etc., le général Nansouty, les ducs de Mortemart et de Crillon, MM. de Luxembourg, de Chabot, de Labourdonnaye, etc.; plusieurs avec l'uniforme impérial. Le comte d'Artois avait évidemment bonne mine. Son apparition dans Paris, après vingt-trois années d'absence, ne pouvait pas être une circonstance indifférente, même pour les ennemis de la société qu'il nous rapportait de l'exil. Le grand nombre regardait curieusement; je vis aussi des spectateurs qui pleuraient; et M. de Lafayette lui-même, dans ses *mémoires*, avoue qu'il ne put rencontrer les yeux du comte d'Artois sans éprouver une assez vive émotion.

Cependant, le sénat était en permanence. Les propositions les plus orageuses se succédaient dans l'assemblée, tandis que le prince cheminait vers Notre-Dame, où l'attendaient, comme au temps de saint Louis, le dais du bon Dieu et l'encensoir des lévites.

— La France n'est pas un pays conquis! s'écria courageusement Lambrechts.

— Vous nous imposez donc les Bourbons? demandait énergiquement Lanjuinais à M. de Talleyrand.

Le gouvernement provisoire négociait avec *la gauche* du sénat, que *Monsieur* était déjà aux Tuileries. Il y arriva à six heures moins dix minutes. La flèche du paratonnerre, au pavillon de l'Horloge, ne soutenait plus depuis quelques jours aucun lambeau d'étoffe. C'était bien l'image du règne de Charles-Maurice: pouvoir sans nom, issu du hasard et passant comme lui. Au moment où le comte d'Artois parut sur le Carrousel, le drapeau blanc fut hissé.

—Depuis vingt-trois années d'exil, dit le petit-fils de Henri IV, voilà mon premier jour de bonheur!

Ce fut le seul mot de la journée qui appartint réellement à *Monsieur*. On pouvait plus mal tomber. Peu de temps après son arrivée, il se montra du côté du jardin, à la croisée de la chambre de Marie-Louise. On pouvait mieux choisir.

— C'est singulier! se disaient de bonnes gens dans la foule; il a vieilli.

Toutes ces circonstances ne rassuraient pas trop M. de Talleyrand. Au contraire. Dans la matinée du 13, l'empereur de Russie, qui avait quitté l'hôtel de l'Infantado pour l'Elysée-Bourbon, fit au comte d'Artois une visite dans le palais de ses aïeux. Vous croyez peut-être, mon ami, qu'ils n'eurent d'abord rien de plus pressé que de parler de la constitution du 6 avril? Détrompez-vous ; avant d'être *Monsieur*, le comte d'Artois était père.

Le 12 janvier 1814, le duc d'Angoulême avait fait voile de la Grande-Bretagne pour les Pyrénées, et le comte d'Artois pour la Hollande afin de passer par l'Allemagne, en Suisse et en Franche-Comté. Quant au duc de Berri, plus impatient, il s'était rendu à Jersey, pour être plus à portée des royalistes de la Normandie. On lui promettait un soulèvement général. Ce fut au prince de Bouillon qu'il dut de ne point toucher la côte au mois de mars. Fauche-Borel a prétendu qu'on aurait à cette époque très-mal reçu le voyageur. Mais, à la nouvelle de l'abdication définitive, cette fortune changea. Le duc de Berri débarqua le 13 avril à Cherbourg ;

le 14, comme il passait un régiment en revue à Bayeux, on cria *Vive l'empereur!*

— Voilà du beau que ton empereur ! dit le duc à un sergent; il ne te donnait pas de souliers ; il te menait au feu sans pain et sans solde.

— Qu'est-ce que ça vous fait à vous, répondit le vétéran, si nous voulions lui faire crédit?

Ce n'était pas à ce point de vue que les rapports de M. Anglès, ministre provisoire de la police, offraient l'itinéraire du duc de Berri au comte d'Artois. Le czar eut beaucoup de peine à refroidir l'enthousiasme du père. Leur entrevue fut d'autant plus dérisoire que le lieutenant général du royaume n'aimait pas l'empereur de Russie. L'hésitation des coalisés avait choqué *Monsieur*, qui n'avait pas oublié d'ailleurs les dédaigneux sentiments de Catherine II à son égard. On assurait même que si le czar avait cédé sur la question de régence napoléonienne, c'est que des promesses plus effectives que des principes, faites au nom de la branche aînée, avaient gagné le ministre autrichien qui dirigeait en réalité sa politique. *Monsieur* n'ignorait pas le succès de la manœuvre. Aussi, quel que fût le bon sens d'Alexandre, et bien qu'il eût envoyé déjà M. Pozzo di Borgo au-devant de Louis XVIII pour lui conseiller des mesures libérales, le comte d'Artois ne lâcha pas un pouce de terrain. Lorsque M. de Talleyrand eut enfin obtenu du prince que les attributions de lieutenant-général du royaume lui fussent décernées par le sénat, en *attendant que Louis XVIII eût accepté la Charte*, sa mauvaise humeur se fit jour, à cette phrase très-significative et très-honorable du président de l'assemblée :

« . . . . . . Le sénat désire, avec la nation, affermir pour jamais l'autorité royale sur une *juste division des pouvoirs et sur la liberté pu-*

blique, seule garantie du bonheur et des intérêts de tous. »

Le comte d'Artois répondit longuement, mais ne dit pas un mot sur *la liberté publique:* la pensée fatale de 1830 couvait déjà dans sa tête. Cette phrase fut le dernier acte de la résistance nationale du sénat; les engagements semblaient pris de part et d'autre; le pouvoir était ainsi donné sous condition, en apparence, mais le comte d'Artois fit une réponse plus expansive au Corps législatif, dont le président n'avait point parlé de constitution.

« . . . . . Vous nous exprimerez les maux de la nation, lui dit-il, *vous qui êtes ses véritables représentants.* »

De pareilles épigrammes signifiaient au sénat un congé. M. de Talleyrand dut se l'avouer à lui-même le lendemain 14, où la cocarde blanche fut substituée définitivement comme couleur française au drapeau révolutionnaire.

Le pavillon de la branche aînée passa des Tuileries au gouvernement provisoire, et le même jour la loge de Napoléon, à l'Opéra, fut tendue de velours bleu brodé de fleurs de lys. On jouait *OEdipe à Colonne* et le ballet de *Nina*. L'engouement avait encombré la salle de femmes nerveuses. L'empereur de Russie et le roi de Prusse étaient dans les loges de face avec Schwartzemberg, Sacken, Nesselrode et lady Burghersh. A la fin de l'Opéra, comme l'on chantait des couplets de circonstance, *Monsieur* se leva, et une voix cria :

— Parterre, debout, puisque *le roi* y est !

— Rien de plus clair, dit alors Talleyrand à M. de Montrond : je suis en baisse.

Cette baisse ne s'arrêta pas là. Un caractère expressif de cette décadence fut la nomination du général Souham au commandement de la vingtième division militaire. Mais déjà M. de Talleyrand n'était plus rien dans le conseil d'état provisoire. En recevant du sénat sa puissance éphémère, le comte d'Artois y avait adjoint le duc de Reggio, le maréchal Moncey et le général Dessoles, puis M. de Vitrolles comme secrétaire. Moncey, déjà vieux, n'était qu'un nom ; la majorité fut dans le sens de l'exagération royaliste, et M. de Talleyrand se vit réduit à souhaiter l'arrivée de Louis XVIII pour qu'on ne fît pas trop de sottises.

C'est dans ces heures d'ivresse ou de folie que fut signée par *Monsieur* la fameuse convention du 23 avril, préliminaire de la paix générale, et où le *fils de France* abandonna d'un trait de plume toutes les conquêtes de la révolution. Cette convention donnait à l'ennemi l'artillerie même provenant des arsenaux français, les munitions de campagne appartenant à l'armée, les vaisseaux qui se trouvaient dans le port d'Anvers, tous les fusils de fabrique française, tous les magasins d'habillement militaire; à ce point que, dans Wesel et Magdebourg seulement, on livra trente mille fusils et vingt mille uniformes complets.

A côté de ces ratifications extravagantes, les plus dangereuses gaucheries. Ainsi, malgré l'opposition du sénat, malgré les promesses les plus formelles, le *Moniteur* donnait imperturbablement au comte d'Artois le titre de *Monsieur*. On y insérait même de ces avis officiels dont la rédaction indiquait suffisamment la portée : « Les personnes admises *à faire leur cour à Monsieur* sont prévenues que, etc. » Talleyrand n'y tenait plus.

— Il faut, dit-il un jour à M. de Montrond d'un air sombre, que je frappe un grand coup; autrement je n'ai plus moi-même qu'à abdiquer.

— Comment l'entendez-vous, monseigneur? s'écria le comte.

— Oui, je veux me rendre nécessaire, et le meilleur moyen d'y parvenir, c'est de faire peur à ces gens-là.

— Attendez un peu.

— Attendre? Mon cher, ils n'ont rien appris ni rien oublié.

Mais la nouvelle d'un événement décisif, répandue depuis le 16 avril à Paris et dont l'effet politique avait même précipité les déplorables termes de la convention du 23, vint paralyser les rancunes tardives de M. de Talleyrand. Toulouse était aux mains de Wellington; une célèbre et dernière bataille, en immortalisant les talents militaires de Soult, avait pourtant nécessité la retraite de l'armée française du midi. Cette fois, mon ami, je cèderai la place de chroniqueur à un témoin oculaire. Il me serait pénible de raconter moi-même les souffrances de Toulouse, que je connais mieux que Paris; si mon esprit est devenu diplomate, mon cœur est resté gascon. J'ai retrouvé dans mes papiers une lettre que m'écrivit à ce propos un officier de Wellington; c'était un jeune homme qui plus tard se fit un nom comme poëte parmi les *la-*

ckistes et que la politique a fini par absorber dans le parlement. Je crois que sa lettre remplira votre but. Rappelez-vous que c'est un Anglais qui parle, et soyez indulgent pour un amoureux.

VIII

SIMPLE LETTRE.

En rivière de Bordeaux, ce lundi 4 juillet 1814.

Cher vicomte,

Je suis en vue de Blaye, à bord de l'*Imprenable*. Bientôt je l'entendrai mugir, cette mer bleue qui sépare nos deux patries, et l'amiral Foote m'aura rendu à mon aïeule qui veille des nuits entières dans notre manoir du Yorskshire en priant pour son petit-fils.

Dans ma dernière lettre, je vous ai dit comment le maréchal Soult, en se retirant de l'Espagne toujours parallèlement aux Pyrénées afin de ne point perdre ses communications avec l'armée de Catalogne, avait enlevé à Wellington les fruits du combat d'Orthez. Nous approchâmes enfin de l'ancienne capitale du Languedoc dans la soirée du 4 avril, par une pluie battante qui rendait impraticable aux attelages et très-difficile aux piétons le pays montagneux situé au nord de Toulouse, par la route de Montauban. Je marchais depuis longtemps dans une affreuse traverse à la tête de ma compagnie, lorsque tout à coup, entre Grenade et Merville, notre colonne ayant quitté la route d'Auch à Legnevin, l'immense nappe des eaux roussâtres de la Garonne se découvrit à mes yeux, et au même instant j'aperçus nos pontonniers qui, luttant contre la crue, achevaient péniblement de rattacher les cinquenelles de leurs bateaux.

Ah! vicomte, je n'oublierai ce spectacle de ma vie! il était près de minuit. A l'entrée du pont, dont la raie sombre coupait en deux la Garonne, Wellington se tenait immobile au milieu d'un groupe d'officiers-généraux. Il questionnait avec anxiété des paysans ramassés par nos flanqueurs qui racontaient les prodiges de la fortification de Toulouse d'une manière confuse et dans un langage naïf capable d'ajouter beaucoup au merveilleux de la défense du maréchal Soult. On le distinguait de loin à sa cravate blanche et à son maintien tout particulier à cheval. Dans le ciel, un vent d'ouest assez violent, soufflant par raffale, chassait vers la ville des nuages couleur de cuivre, au bord desquels se cachait et se montrait alternativement la lune, blafarde et noyée. Un silence de mort présidait à ce passage, dont l'uniforme lenteur n'était interrompue que par le retentissement de la marche des troupes sur le plancher mouvant et creux des pontons.

Là, toute l'armée anglaise, jusqu'au dernier soldat, comprenait avec remords que depuis la présence du duc d'Angoulême à Bordeaux la campagne avait perdu son caractère de représailles contre le dominateur de l'Europe pour n'être plus qu'une guerre de dynastie au profit des Bourbons. Il y a, d'ailleurs, dans la ligne défensive des fleuves d'un pays, comme une barrière providentielle qu'on ne franchit pas sans trouble.

Ces répugnances furent en partie justifiées la nuit même. A peine ma brigade, commandée par le général Pack, prenait-elle pied sur la rive droite que la crue des eaux rompit les cinquenelles. Wellington fit replier les pontons et nous nous trouvâmes isolés pour quatre jours sur la route de Montauban à Toulouse.

— La Garonne ne veut pas des Espagnols! dit en français une voix sinistre.

Effectivement, le pont s'était rompu au moment où les troupes de Manuel Freyre y descendaient. Je regardai avec curiosité autour de moi. A la clarté des feux qui s'allumaient sur la berge, on voyait deux petits yeux gris et ronds briller avec malice entre d'énormes boucles d'oreille et au-dessus d'un nez singulièrement rouge. C'était un vieux maréchal-des-logis, de la brigade de Berton, détaché en éclaireur sur le chemin de Fenouilhet, dont le cheval avait glissé les quatre fers sur la boue dans une escarmouche d'avant-poste et qui était tombé bien malgré lui entre nos mains. Ce diable d'homme baragouinait déjà avec nos sergents comme un professeur de langue. Je lui donnai de quoi bourrer sa pipe.

— On fume beaucoup à Toulouse, me dit-il en se frisant la moustache, mais ce n'est pas le militaire.

— Et qui donc, chasseur?

— C'est le pékin. Voici la chose, mon capitaine: Il y a quelques jours, le comte Caffarelli a déclaré en état de siége par une affiche le département de la Haute-Garonne. « Il faut, a-t-il écrit sur ce papier, il faut que tout citoyen devienne soldat, et que tout fonctionnaire sans exception donne l'exemple. *Napoléon, patrie, honneur*, doivent être la devise des Français jusqu'au dernier moment de leur vie. » Sitôt dit, sitôt fait, messieurs. Tout le monde a pris la pioche. On vous a fermé mon Toulouse avec des circonvallations multipliées, comme l'empereur lui-même, ce grand homme, en aurait trouvé dans son génie. Le maréchal a organisé deux cohortes de garde nationale qui, pour des bourgeois, ne manquent pas de mine. Aussi les royalistes y fument, y fument! que c'est une bénédiction.

— Et Suchet, vient-il de Figuières?

— Fameux tabac tout de même, dit le prisonnier au lieu de me répondre. Vient-il de la régie, ce suchet-là?

— Non, mon brave, c'est du maryland.

— Connais pas. Mais n'importe! Après ça, faut être obligeant. Je vous préviens que le maréchal a changé tous les tonneaux en gabions. Comment ferez-vous la vendange?

— Le duc de Dalmatie m'en donnera les moyens, lui dis-je assez gaîment ; je serais enchanté de faire sa connaissance.

— Jean de Dieu Soult, duc de Dalmatie, murmura gravement le chasseur avec un salut militaire, c'est un gaillard osseux, déhanché, long comme une perche, avec des cheveux plats, des jambes en cerceau et le nez à gauche, comme le mien, qui, depuis le matin jusqu'au soir, ne demande à la bonne Vierge que des Anglais et des cartouches. On le reconnaît à sa lévite de toile cirée. Passez-moi le briquet.

A ces mots, le vétéran s'agenouilla sur la terre pour souffler avec sa bouche le feu du bivouac dont nos soldats ne s'occupaient plus, afin de ne rien perdre de sa conversation. Mais durant quatre jours son sang-froid ne se démentit pas. Parlait-on de fortifications, il répondait constamment tabac; s'agissait-il du maréchal, le chasseur nous répétait sa phrase imperturbable : C'est un gaillard osseux, déhanché, long comme une perche, etc. A la fin, cet original y mettait tant d'esprit que nous étions les meilleurs amis du monde. Mais on n'avait pas tiré de sa mémoire un seul renseignement.

Notre division néanmoins s'avançait d'un air morne le long de la route de Montauban. Saint-Jary, Saint-Caprais, Lespinasse, Croix-Daurade furent successivement occupés, mais avec hésitation. Chaque mot de commandement était donné à voix basse. On eût dit qu'un poids mortel pesait sur nos cœurs. Le mauvais temps, les murmures du fleuve, la force de la place, l'issue prochaine de la guerre, tout augmentait cette tristesse. Elle n'était pas assurément le résultat d'un manque de courage; mais, dans la situation exceptionnelle où se trouvait l'armée britannique, l'approche du dénoûment de la crise, tant que le canon n'aurait pas grondé, ne pouvait être qu'une impression de mélancolie.

Le 8 avril au matin, comme les Espagnols nous rejoignaient par les pontons qu'on avait rétablis à Beauselle, au-dessous du château de Blagnac, nous entendîmes la même voix sinistre crier avec force : Vive l'empereur !

Tout le monde leva les yeux. Sur le flanc de la colonne, notre prisonnier était grimpé dans un arbre. Ses petits yeux pétillaient; son nez semblait plus rouge qu'à l'ordinaire. Il agitait son schako en regardant l'horizon, et sa joie contrastait d'une manière lugubre avec le silence de notre avant-garde.

C'est qu'elle était là devant nous la ville inconnue, la métropole du Midi, la *palladienne*, la *Cité des deux mers*, la *Rome de la Garonne!* Un frémissement parcourut les rangs pressés des soldats. A droite, l'embouchure du canal du

Languedoc et de la rivière, en avant du faubourg d'Arnaud-Bernard, était défendue, au Pont-Jumeau et au pont du Faubourg, par deux batteries. Vis-à-vis de notre ligne, le pont Matabiau et le couvent des Minimes étaient hérissés de canons qui couvraient la route d'Alby et menaçaient de revers notre extrême gauche. Plus en arrière, mais toujours de front, cinq redoutes, échelonnées comme les rampes d'un jardin sur deux plateaux, offraient une perspective interminable de bouches de fer béantes et d'uniformes bleus alignés, qu'un large drapeau tricolore, planté dans une sorte de pigeonnier, semblait protéger au vent de ses plis belliqueux. Partout la mort! la mort embusquée dans les redans, les tambours et les lunettes, la mort à l'affût sous une haie, tapie derrière un mur, et choisissant à distance le bouton de notre habit qu'elle voulait frapper.

— Voilà la danse qui va commencer! s'écria le maréchal-des-logis en se laissant glisser de l'arbre à terre comme un chat; bonsoir!

A ce moment le général Pack arrivait au galop. Il étendit la main au midi, vers le pigeonnier, et nous dit d'un ton calme:

— Vous voyez ces hauteurs, dont le milieu est couronné par une tour ou *signal* avec un drapeau tricolore. C'est le retranchement du général Clausel et de l'élite de l'armée française ; c'est le Calvinet. Après-demain nous emporterons le Calvinet. On n'attend plus que le plan d'attaque de lord Wellington. Recommandez à nos troupes de ménager leurs munitions.

Les dispositions du duc de Dalmatie étaient si bien prises qu'il fallait en effet que l'armée anglaise emportât les redoutes ou mourût à leur pied. A l'ouest de Toulouse, en supposant que le général Hill forçât le faubourg Saint-Cyprien, la Garonne assurait la défense. Le canal du Languedoc protégeait suffisamment la ville à notre droite ou au nord. Le maréchal d'ailleurs s'était placé avec ses réserves sur la route de

Carcassonne, au midi, qu'il occupait en cas de retraite. Il ne nous restait donc qu'à tourner les hauteurs à l'est, pour les prendre en flanc et à revers au risque d'être coupés ou écrasés par le général Clausel. C'est ce que fit Wellington.

On commença le mouvement dans la nuit du 9, en débouchant par le pont de Croix-Daurade, que les Français n'avaient pas eu le temps de détruire. Nos colonnes s'ébranlaient par un demi à gauche pour suivre les bords d'une petite rivière nommée le Llers, que ce pont coupait dans la direction des redoutes. Ma compagnie fut détachée en avant-poste à cet îlot formé par le hameau de Montblanc, le château de Nicolas, les abords de Périoles et les enclos de Pichery. C'est un massif qui se trouvait à l'extrémité de notre ligne et hors de la portée du canon des hauteurs. On m'avait prescrit surtout d'occuper les maisons de la rive du Llers qui avoisinaient le pont détruit de Périoles, parce qu'elles commandent un chemin creux qui est le fossé naturel du Calvinet.

Je ne saurais vous dire combien mon âme fut émue lorsque, dans la matinée du 9 avril, un faible soleil vint éclairer les toitures de chaume, les closeries bourgeonnantes et le repos craintif de Périoles, où le printemps, malgré la guerre, laissait voir ses premières feuilles. Il me sembla que les oiseaux y chantaient comme dans le Yorkshire, et, quand une porte de cuisine s'ouvrait avec précaution, que ma vieille grand'mère elle-même allait paraître en appelant ses poules. Je m'assurai que mon doigt portait toujours l'anneau d'argent que, suivant la mode écossaise, elle y avait religieusement passé à mon départ pour l'Espagne. Cette journée fut remplie par mes camarades d'une manière qui se ressentait de la physionomie pittoresque de notre avant-poste. Chacun s'entretenait de sa famille, des petits événements de sa jeunesse. On écrivit beaucoup de lettres à des amis éloignés, dans un style plus tendre qu'à l'ordinaire, et on se promettait les uns aux autres d'avertir les parents de ceux qui périraient.

Le soir venu, j'allai poser des sentinelles sur le bord du Llers, à l'endroit où le pont avait sauté, et, au retour, il me fut impossible de ne pas admirer le magique tableau qui se déployait à mes yeux. La ligne entière des redoutes, depuis le fossé de Périoles jusqu'au delà de Montaudran, le dernier pont du Llers, me séparait de Toulouse. Entre ces hauteurs et la ville, sur les bords du canal, étaient campées les divisions françaises Villatte et la Morandière. Le bruit avait couru la veille que c'était là le quartier général du duc de Dalmatie. En s'élevant de ce fond invisible jusqu'aux étoiles, le reflet des feux de bivouac de ces troupes colorait le ciel d'un rouge vif sur lequel se détachait nettement le profil noir des redoutes. La silhouette du *Pigeonnier* surtout ressemblait à un fantôme accroupi sur les bords d'un cratère de volcan à l'heure de l'irruption. Un vieux quartier-maître qui se promenait sous ma fenêtre remarqua cette couleur du ciel.

— Il est bien rouge, me dit-il en secouant la tête; c'est signe qu'il en coûtera bon pour l'avoir, ce pigeonnier!

J'ai toujours été superstitieux, et ce présage m'affectait malgré moi, quand mes regards surpris aperçurent de la croisée une des sentinelles posées à l'instant même sur les bords du Llers qui s'en revenait déjà vers nous, escortant deux personnes. C'était une jeune femme vêtue du costume du pays, d'une mantille à capuchon et d'un bonnet à tuyaux; elle portait des sabots, elle était suivie d'un garçon de ferme qui avait un sarreau et tenait à la main une lanterne allumée. Je descendis de ma chambre avec curiosité.

— Monsieur, s'écria la jeune femme, y a-t-il longtemps que vous êtes à l'armée?

— Mais, repris-je un peu étonné de cette question, depuis le 7 septembre 1813 où un transport m'a débarqué au port du Passage, près de Saint-Sébastien.

— Alors vous étiez à Londres en 1809?

— Pas précisément, répondis-je avec un sourire de regret; car je tenais garnison à Norman-Cross, dans le comté de Norfolk, sur la route d'Edimbourg, le plus triste endroit des Trois-Royaumes : c'est le dépôt des prisonniers de guerre français...

— Ah! c'est le ciel qui vous envoie! fit la jeune femme aussitôt d'une voix déchirante.

Je restai interdit. Le garçon de ferme regardait sa maîtresse avec compassion. Dans l'entraînement de ses dernières paroles, la jeune femme avait baissé le capuchon de sa mantille. Il me fut alors facile de reconnaître à l'expression de sa figure que le costume de paysanne éta un déguisement, et que la Française appartenait à la riche bourgeoisie du pays. Mes soldats s'éloignèrent avec respect.

— Je n'entends rien à la politique, s'écria-t-elle avec une vivacité toute méridionale; ma démarche, à la veille de la bataille, est peut-être indigne de la fille d'un militaire; mais des devoirs plus sacrés l'exigent. Il y a cinq ans, mon père, en revenant de Naples, fut pris sur la Méditerranée par un croiseur anglais. Nous n'avons jamais eu de ses nouvelles, monsieur! A quelques pas d'ici, derrière vos postes, ma pauvre mère se meurt de chagrin dans notre maison qu'elle n'a pu fuir à votre approche, retenue qu'elle est au lit par ses infirmités. Les Anglais, comme vous voyez, nous ont déjà fait bien du mal. Ah! le bruit seul de votre canon achevera de la tuer, si vous n'avez pas pitié de mon père.

Tandis que la jeune fille parlait, et tout en l'écoutant, ma vue plongeait dans cette plaine immense, qui devait être au point du jour un champ de carnage, où je n'avais pas un ami, et dont les fondrières cacheraient peut-être le lendemain mon cadavre obscur, mutilé, respirant encore. Je pensai à mon aïeule, à ma patrie. Mais, instrument passif de la haine de nos hommes d'État, que pouvais-je pour la jeune fille! Son malheur était de ceux que la paix même n'efface pas, car cinq années de séjour à Norman-Cross étaient un supplice intolérable pour un homme, et selon toute apparence le captif avait succombé. J'essayai près de son enfant l'unique moyen de consolation qui fut en mon pouvoir en lui disant:

— Le duc d'Angoulême est entré à Bordeaux, mademoiselle ; la guerre cessera bientôt, et vous devrez le retour de votre père à celui des Bourbons.

— Les Bourbons ? reprit-elle avec une petite moue dédaigneuse qui me fit sentir péniblement combien était faux le rôle de l'armée britannique. Puis, elle ajouta fort agitée :

— Mais si mon père s'évadait de Norman-Cross ?

— Hélas ! lui répondis-je en baissant les yeux, c'est ce qu'il tenterait de plus funeste. La prison est située à cinquante lieues dans les terres, au bord d'un étang nommé Wittlesea-Mere, entourée de bruyères et de marais. Plusieurs ceintures de palissades, des murs de brique, des batteries chargées, un triple rang de sentinelles contiennent les prisonniers, et les soldats ont l'ordre de faire feu sur le premier qui...

Un mouvement convulsif de la jeune fille m'apprit qu'il fallait me taire. Le garçon de ferme pleurait. Alors, je vis sa maîtresse tirer avec précaution de dessous sa mantille une sorte de paquet de papiers ou de grosse lettre qu'elle m'offrit timidement.

—Voici les derniers adieux de ma pauvre mère à son mari. Quel que soit le résultat de la bataille, monsieur, le sort de la guerre trahira demain beaucoup de braves gens. La nuit prochaine, à pareille heure, un grand nombre de vos compatriotes réclameront les secours, peut-être même un coin de terre, du peuple dont ils vont canonner la ville. En retour, serait-ce trop attendre d'un ennemi que de solliciter toute votre protection en faveur de cette lettre ? Il n'y a que vous maintenant dans le monde en état de la faire tenir à mon père.

La jeune fille avait évité de dire que j'étais moi-même exposé comme un autre à la chance du combat. Cette réserve me toucha profondément. Alors, ne sachant que répondre, je disposai la lettre comme une espèce de cuirasse à la place du cœur, sous mon uniforme. Ce geste fut compris.

— Dieu vous garde, monsieur ! murmura-t-elle pieusement.

A ce remercîment aussi discret que noble, je m'étais incliné en portant une main à ma poitrine, mais quand je relevai mon front, la jeune fille était déjà loin. On n'apercevait plus que la lueur du fallot du paysan qui vacillait le long des blés.

— *All's well*! (tout est bien) cria une sentinelle qui était ivre.

— *All is very well*! (tout est fort bien) répondit faiblement un camarade presque endormi.

Ce fut le seul écho qui me resta de l'apparition : le mot de passe de nos patrouilles ! Lorsque je crus que l'air vif de la nuit avait assez rafraîchi mon sang, je revins auprès du feu, je m'enveloppai soigneusement dans mon manteau, et je fermai les yeux, espérant ne pas les ouvrir avant le jour ; mais le sommeil me tint rigueur. Insensiblement, je tombai dans une rêverie vague où les notions du temps et de l'espace étaient oubliées ; elle fut interrompue par un bruit léger, continu et lointain, semblable à peu près au martellement du pivert frappant de son bec le tronc des chênes. Je courus à la fenêtre.

— Qu'y-a-t-il de nouveau? demandai-je au quartier-maître, qui se promenait toujours.

— Le maréchal des logis s'est échappé.

— Mais ce bruit?

Le quartier-maître écouta; puis, se redressant aussitôt, il s'écria :

— C'est le canon de Hill, au moulin Bourassol!

Je tirai ma montre : il était six heures. Aux clartés blanches du jour qui se levait au delà du Llers, sur la route de Balma, on voyait la brigade de Sommerset s'avancer lentement le long de la rive gauche de ce ruisseau, qu'elle avait passé au pont de Croix-Daurade, pour atteindre la brigade Vivian à celui de Montaudran et tourner ainsi l'extrême droite des Français. L'attaque du moulin Bourassol, au faubourg Saint-Cyprien, était une première diversion à ce mouvement. Vers six heures et demie, le roulement du tambour et l'explosion de notre chant national : *Rule, Britannia!* m'avertirent que le général Pack venait lui-même prendre le commandement de l'avant-garde de la division Clinton, dont ma compagnie forma tête de colonne. Au même instant la division Cole débouchait à l'angle des maisons de Pichery. Les trois colonnes de Beresford (Sommerset, Clinton et Cole) entrèrent donc ainsi parallèlement en ligne par le flanc des hauteurs, nos tirailleurs se répandirent dans la plaine, et, après un dernier regard jeté du côté de Périoles, je ne songeai plus qu'à mon devoir.

Le terrain, parfaitement découvert, offrait à gauche les marécages du Llers, et à droite, jusque sous le feu des redoutes, des champs labourés. Nous attendions en silence les premières volées du général Clausel, quand un bruit d'artillerie plus rapproché se fit entendre au nord de Toulouse. C'était le vieux général Picton qui attaquait à son tour, comme seconde diversion à notre marche, le faubourg de Brienne et le pont Jumeau. On eût dit que cette nouvelle offensive était le signal convenu de la bataille. La grande redoute du Calvinet présentait à ma brigade sa corne droite, allongée en surplomb comme un cap de mort. A notre vue, les Français poussèrent trois cris distincts de : « Vive l'empereur !

— Je n'aime pas cette politesse, dit le quartier-maître...

Un fracas épouvantable ne lui permit pas d'achever ! Je fus surpris de me trouver encore au monde. La redoute était cachée par la fumée. J'étais entouré de blessés et de mourants. Le quartier-maître avait reçu un boulet au milieu du ventre, son sang couvrait mon habit, et de toute ma compagnie il ne restait debout que six hommes et moi.

Ce salut donné, la canonnade ne nous laissa plus un instant de relâche ; mais nous avions senti la poudre ; le baptême de feu était reçu pour la journée entière, et nous n'en suivîmes pas moins froidement le flanc des hauteurs jusqu'à l'endroit précis où la colonne devait faire volte-face et prendre le Calvinet à revers. Les soldats qui voyaient tomber leurs camarades, chantaient des noëls bachiques. Les hymnes devenaient grossières à mesure que la gloire du péril disparaissait sous l'horreur du carnage.

Il y avait d'ailleurs entre la corne de la grande redoute et celle des Augustins deux ouvrages non achevés dont le feu un peu moins vif nous parut comme une rosée au sortir de la première épreuve. A ce moment, et sur la gauche du général Picton, le Calvinet était abordé de front par les Espagnols de don Manuel Freyre. La disposition du terrain, qui va en s'élevant d'une manière uniforme, sur la route de Croix-Daurade, depuis le mamelon de la Pujade jusqu'au pied de la grande redoute, leur avait caché le chemin creux de Perioles, qui coupe le milieu du coteau. Cet obstacle s'offrit à leurs yeux subitement et les arrêta court. Le duc de Dalmatie apercevant du Pigeonnier cette hésitation, lança aussitôt contre leur colonne, un bataillon de la division Darricau, des bords du canal ; la division Darmagnac, des lignes inférieures du Calvinet, et la brigade la Morandière, du pied de la grande redoute. Quinze cents Espagnols restèrent sur le champ de bataille, et on emporta, blessés grièvement, les généraux Espeleta et Mendizabal. Cette déroute suspendit le combat, et ce fut durant cet entr'acte que les remparts de Toulouse se couronnèrent de curieux, même de femmes et d'enfants.

La nouvelle en parvint à Béresford comme nous approchions de la redoute des Augustins. On fit halte sur-le-champ pour attendre de nouveaux ordres. Wellington était fort embarrassé. Dans un conseil de guerre tenu à la hâte au village de Launaguet, sur la route de Croix-Daurade, il fut même question de rétrograder. A la défaite des Espagnols venait encore s'ajouter l'échec du général Picton que la brigade Berlier avait repoussé trois fois, avec des pertes énormes, devant le faubourg de Brienne et au pont-Jumeau. Mais Béresford déclara que notre colonne de gauche était trop avancée vers les Augustins pour que la plus légère apparence de retraite ne fût pas désastreuse. Avant même que lord Wellington fît réponse, un combat très-vif s'était allumé à la Joncasse entre ma brigade et les tirailleurs français du général Baurot. Cependant Béresford passa outre; il continua même sa marche de flanc jusqu'à la redoute de la Cypière, la plus reculée vers le Midi. Là, toutes ses colonnes firent face à la ligne des hauteurs, les Portugais et les Ecossais prirent la tête; le général Pack demeura en réserve, et, à l'extrême agitation qui se manifesta dans les différents corps sous les ordres immédiats du maréchal Soult, nous comprîmes que l'heure décisive de la journée était venue.

Béresford négligeait sur sa droite les redoutes du Calvinet, des Augustins et de la Colombette. Il s'agissait maintenant, après avoir emporté la

Cypière à gauche, de fondre dans un défilé qui passait sous le feu de la Colombette et qui n'était autre que le chemin du Pont-Guillemery à Caraman. C'était au-dessus de ce défilé que flottait majestueusement le drapeau tricolore du Pigeonnier; c'était là que, sombres et compactes, les bataillons français obéissaient à la bravoure de Taupin, de Dauture et d'Harispe. On les voyait chevaucher à l'avant-garde et encourager leurs soldats en agitant dans l'air leurs chapeaux à plumes. Nos Ecossais, race toute guerrière, secouant à leur tour leurs bonnets de montagnard, demandaient l'assaut avec des cris plus forts qu'on ne l'aurait attendu de gens qui avaient déjà tant crié.

Deux heures sonnaient aux horloges de Toulouse. Couper la colonne Béresford au pied de la Cypière en lançant la division Taupin par l'embranchement du chemin de Lescar avec la route de Caraman, tel fut d'abord le plan admirable du maréchal Soult. Le malheur voulut que cette division, réduite, à ce qu'il paraît, à deux mille cinq cents hommes, arrivât par le chemin de Lescar comme Béresford achevait de masser ses troupes qui formaient, sous la Cypière, une ligne de douze milles hommes en trois carrés. Les tirailleurs du douzième léger nous fusillaient déjà, lorsqu'un officier d'état-major du maréchal Soult apporta, dit-on, au général Taupin l'ordre d'appuyer à gauche de la route pour laisser le passage libre au treizième de chasseurs qui devait charger. Cette manœuvre, exécutée sous le feu de nos brigades, dans un chemin étroit, causa un flottement inévitable augmenté par la fougue de Taupin qui paralysa l'effet de la Cypière en prenant l'offensive sous cette redoute même. Les trois carrés ouvrirent aussitôt une fusillade très-nourrie contre le douzième léger, tandis que les Écossais se précipitaient dans le chemin de Lescar. Nous vîmes Taupin chanceler, se retenir au cou de son cheval avec un effort pénible ; puis il tomba, blessé à mort.

Le duc de Dalmatie était au lieu dit les Tuileries, d'où il surveillait la seconde tentative des Espagnols sur le Calvinet. A la nouvelle de la perte de Taupin, il appela une brigade du général Darmagnac et le cinquante-cinquième qu'il tenait en réserve, et, mettant l'épée à la main, accourut au galop à travers champ à la défense du faubourg Guillemery. Une batterie fut dressée précipitamment à la Maison-Saccarin, quarante grenadiers du 120ᵉ se jetèrent intrépidement à la rencontre de toute l'avant-garde écossaise, et la division Cole, qui était déjà parvenue à l'embranchement de la route de Lescar avec le chemin de Caraman fut ramenée par les Français tambour battant sous la mitraille de la Cypière ; mais il était trop tard : le maréchal avait perdu cette redoute.

Le général Dauture, en effet, se voyant abandonné avec une poignée d'hommes devant les deux divisions Cole et Clinton, évacua la hauteur en se repliant derrière le chemin de Lescar avec le plus grand ordre. Ma brigade s'était avancée pour appuyer le mouvement des Écossais; mais, quand la fumée de la poudre se fut suspendue comme un dais à vingt pieds au-dessus de la redoute, nous ne trouvâmes plus un ennemi. Par une évolution subite, les Français avaient chargé de l'autre côté de la colline. Cette pointe sans résultat nous avait entraînés sous la batterie mobile de la Maison-Saccarin. Le général Pack, à cheval au milieu du chemin de Caraman, m'expliquait còmment il fallait suivre la crête du plateau pour attaquer, avec les restes du quarante-deuxième anglais, les Augustins et la Colombette. Tout d'un coup, je m'aperçus qu'il pâlissait : une balle venait de lui traverser la cuisse. La mort de Taupin était vengée par les Français.

Des champs labourés en pente vers Toulouse formaient ce plateau, de trois cents toises environ, qui s'étend du chemin de Caraman à celui de Lavaur, et sépare la Cypière des Augustins. A gauche, la batterie de la Maison-Saccarin et une nouvelle plus petite dressée à la Maison Trinchant, ainsi que les murs crénelés du faubourg Guillemery, foudroyaient ma brigade. Frappé au front, le major Coghlan pirouetta sur lui-même et disparut à plat ventre dans les blés; un boulet avait emporté la jambe du colonel Douglas, du huitième régiment portugais. C'était un affreux carnage. Béresford cependant nous poussait au pas de course vers les Augustins. Je contemplais encore avec stupeur le pauvre Coghlan, lorsqu'un choc très-rude, semblable à celui qu'aurait produit un coup de massue, me heurta en pleine poitrine. Je fus étourdi, je me cramponnai aux blessés et aux cadavres qui tombaient autour de moi. A l'instant même, une contusion moins lourde, mais plus vive, m'engourdit le bras. Un éclat d'obus m'avait cassé le coude. Mes yeux se couvrirent d'un voile, je lâchai mon épée, et tout sentiment de la vie m'abandonna.

Tandis que Béresford enlevait si chèrement la Cypière, les Espagnols tentaient une seconde et même une troisième attaque sur la grande redoute du Calvinet, mais toujours en vain. A la troisième, ils avaient réussi à tourner le chemin creux de Périoles, et placé en tête de colonne le régiment de Cantabria, troupes d'élite. Ces dix-huit mille hommes se brisèrent encore sur les faibles brigades de la Morandière et de Lesueur. En descendant ses pièces sur les mamelons inférieurs, le général Tirlet, commandant l'artillerie de la redoute, avait obtenu un tir plus rasant qui faucha les Espagnols au point que le corps de Manuel Freyre fut entièrement détruit. Pareil désastre écrasait à cette heure le corps de Murillo de la division Hill, lequel, après huit heures de combat, n'avait pu forcer le général Maransin dans l'enceinte du faubourg Saint-Cyprien et à la porte de Muret.

Il était alors trois heures de l'après-midi. La bataille restait donc effroyablement indécise.

La première sensation dont j'eus la conscience après ma chute fut cette soif brûlante qui suit ordinairement les blessures faites par les armes à feu. La sécheresse irrésistible de ma bouche me rouvrit les yeux. Un calme lugubre régnait sur le revers du plateau; mais à quelques centaines de pas de moi, dans la gorge de la redoute des Augustins, des cris étouffés, des grincements de rage, le cliquetis des baïonnettes qui se tordent ou s'enfoncent, des blasphèmes en toutes les langues, une sorte de murmure sourd où se confondaient ensemble ces horribles bruits, m'annoncèrent qu'au lieu de recharger leurs pièces, les Français les noyaient en silence dans notre sang. Le drapeau planté au Pigeonnier de Carivenc, toujours debout, n'était cependant plus qu'un crible, et ses trois couleurs tamisées par la mitraille présentaient à peine un lambeau d'une nuance reconnaissable.

A la vue de mes compatriotes, la voix de l'honneur ranima un peu mes forces éteintes. Je voulus prendre ma part de cette boucherie, je me traînai vers la redoute en soutenant mon bras gauche avec mon bras droit. C'était le moment où les compagnies Lassé et Pomard de la brigade Baurot, réduites au désespoir, luttaient contre les six mille Écossais de la division Cole. Un instinct de haine jalouse et féroce, contrastant avec l'affaiblissement de ma vie, alluma dans mes veines le besoin d'égorger quelques-uns de ces braves gens. Une circonstance inattendue surtout m'exaspéra. Les généraux Harispe et Baurot, à la tête de trois bataillons de réserve, se précipitèrent au secours de leurs compagnies. En un clin-d'œil les Écossais furent culbutés dans les palissades, et les Français, la baïonnette en avant, descendirent des Augustins, au bruit du tambour, sur le chemin de Lavaur. Un gémissement de fureur m'échappa; quand le torrent fut à ma portée, je cherchais à tâtons une arme dans la boue ; mais il passa sur moi, je perdis de nouveau connaissance, en me croyant pour le coup broyé.

Cet autre évanouissement ne fut pas aussi facile à rompre que le premier. J'en sortis par l'effet douloureux d'un corps dur qu'on appuyait avec obstination sur mes lèvres. C'était le maréchal des logis de Saint-Jary qui s'efforçait d'introduire dans ma bouche le goulot d'une bouteille d'osier. Sa présence me parut un rêve. Il m'avait déjà fait boire un demi-verre d'un liquide un peu amer, lorsque je poussai un long soupir en le regardant d'un air ébahi.

— Pas vrai que je suis bon enfant, dit-il en écarquillant ses petits yeux gris ; voilà pourtant comme on se retrouve, mon capitaine. Buvez-moi du vin de la cantine. Ah ! dame, ce n'est pas du Maryland.

Quel tableau ! Le jour baissait, les détonations de l'artillerie avaient éclairci le ciel, l'air était d'une purté ravissante. Le long du canal, à gauche de la Maison-Saccarin, environ deux cents homme debout, en uniforme français, étaient groupés sans ordre, les uns chargeant leurs fusils, les autres essuyant leurs baïonnettes. De singuliers débris et d'effroyables témoins de la bataille étaient éparpillés pêle-mêle sur l'herbe; on y voyait des marmites de soldats à demi-pleines de soupe, des jeux de cartes répandus, des têtes écrasées par la roue des canons, des feuillets de papier de musique militaire déchirés, des bras et des jambes qui sortaient de terre comme s'ils y étaient plantés. Les habitants de Toulouse erraient dans cette plaine avec anxiété; ils transportaient les blessés dans la ville sans distinction de parti. Cela m'expliqua comment, tombé sous une embrasure des Augustins, je reprenais mes sens à l'entrée du faubourg. Dans le lointain, au travers d'une vapeur bleuâtre, on apercevait, derrière les parapets de toutes les redoutes, les habits rouges de l'armée britannique. Le drapeau de Carivenc avait disparu.

J'étais prisonnier ; rien de plus clair. Cette idée me donna d'abord un frisson nerveux.

— Ne bougez donc pas ! s'écria le maréchal des logis ; on vous panse.

Une femme effectivement était agenouillée près de moi ; à son costume, à la douceur de sa voix, à un geste qu'elle fit du doigt pour me recommander le silence, je reconnus avec émotion la jeune fille de Périoles. Tout ce qui s'était passé la veille se retraça aussitôt vivement à ma mémoire. Je portai la main droite à ma poitrine, j'en retirai en tremblant la grosse lettre. Placée dans un portefeuille de cuir, cette lettre, jointe à la doublure de mon habit, m'avait tenu lieu de plastron et avait amorti le choc de la balle morte reçue dans les côtes. A ce miracle du hasard, la jeune fille devint rouge. Le Français s'imagina qu'il était question d'une amourette.

— Ça suffit, mon capitaine, murmura-t-il en s'éloignant sous un prétexte; quand on a fumé de votre tabac, on sait ce que parler veut dire.

— Et votre mère? demandai-je sur-le-champ à la jeune fille.

— Elle a soutenu mieux que nous ne l'aurions pensé le bruit de la bataille; elle a prié pour tout le monde.

— Voilà le duc de Dalmatie qui fait sa ronde, dit tout à coup le maréchal-des-logis en se rapprochant; il ne faut pas s'amuser. En route pour l'hôpital.

Je n'ai presque plus de souvenir net de ce qui suivit; une fanfare de trompettes ébranla horriblement les fibres de mon cerveau. Soult venait reconnaître la position de la brigade Rouget qu'il avait échelonnée sur la route de Montaudran, devant le pont des Demoiselles, où la cavalerie anglaise se montrait après avoir tourné la droite de la Cypière, à la suite des colonnes de Béresford. Notre artillerie, parvenue à grand'peine sur les hauteurs, couvrait à son tour ces retranchements. Les pièces françaises défilaient en bon ordre par le faubourg Guillelemery sous les yeux du maréchal. Soult ne laissa même à Wellington qu'un seul canon, encore était-il embourbé.

Mon guide, tout fier d'avoir pris un capitaine, affecta de passer avec moi près du duc de Dalmatie, qui me regarda du haut de son cheval avec un air de curiosité grave. Je contemplais enfin pour la première fois un de ces hommes que l'Europe militaire appelait avec terreur un maréchal de l'empire; je voyais celui que depuis six mois nous suivions presque sans l'atteindre, auquel Wellington ne s'était jamais frotté sans perte, et qui, selon toute apparence, nous échappait encore. Il paraissait résolu à s'ensevelir sous les ruines de la ville. Comme le passage des canons obstruait les rues du faubourg Guillemery, le maréchal-des logis me traîna sur le pont Matabiau. Nous remontâmes le bord du canal en nous acheminant derrière les lignes de la division Taupin. Les sentinelles anglaises, posées dans la redoute de l'ouest, se trouvaient en quelque sorte au-dessus de nos têtes. On les entendait menacer pour le lendemain de leurs fusées à la Congreve les avant-postes du général Villate repliés dans les maisons crénelées du pont Matabiau. On emportait le brave Lamorandière, blessé à mort dans l'évacuation de cette redoute, dont la défense fut si opiniâtre que duc de Dalmatie menaça la brigade de l'abandonner pour la contraindre à la retraite. Le feu durait toujours au faubourg Arnaud-Bernard, sous le Couvent des Minimes où Clausel, en descendant du Calvinet, s'était mis en communication avec le général Berlier que douze heures de combat au Pont-Jumeau n'avait pas fait reculer d'une semelle. Bientôt deux bombes lancées de Toulouse attirèrent les regards de l'armée britanique. Ce fut comme un signal involontaire. On s'arrêta.

Durant ces derniers épisodes, le maréchal-des-logis avait pénétré dans la ville. Il me déposa entre les mains des sœurs infirmières de l'hôpital avec l'exactitude et la gravité d'un homme rompu à la discipline. On ne jugea pas nécessaire l'amputation de mon bras gauche, mais je fus condamné au repos le plus absolu. Dès que mes yeux n'eurent pour spectateurs que la triste monotonie d'une salle encombrée de mourants, mon imagination s'alluma. Je voyais mes camarades tomber sous la mitraille; je croyais entendre rouler les canons, tonner les redoutes; je sentais la main d'un soldat me saisir. Un rêve plus étrange couronnait toutes ces hallucinations de la fièvre. Était-ce un rêve? Non, non; jamais réalité ne fut plus entière ni mieux sentie!

Vers le milieu de la seconde nuit, la nouvelle se répandit dans l'hôpital que Soult se retirait de la ville par la route de Castelnaudary. Les fourgons de l'armée, traversant les rues étroites de Toulouse, ébranlaient déjà mon lit. Plusieurs officiers français vinrent embrasser, avant de partir, quelques-uns de leurs camarades qui expiraient autour de moi. Des scènes de trouble et de douleur se multiplièrent bientôt dans cette salle où amis et ennemis, à la lueur d'une mauvaise lampe, échangeaient confusément des larmes et des adieux. Tout à coup, dans l'espace libre qui séparait mon lit de la couche voisine, se glissa légèrement une femme; elle resta d'abord immobile; puis elle se pencha vers moi en disant:

— Votre guérison sera longue, et le séjour de cette salle devient un supplice. Demain une famille vous réclamera comme son parent; mais elle doit tout à Napoléon. Pour concilier les devoirs de l'humanité et de la reconnaissance, elle s'éloignera de Toulouse. Vous ne trouverez dans la maison qu'une domestique fidèle, et les chirurgiens vous y traiteront avec les mêmes égards et plus de ressources qu'à l'hôpital.

— Comment vous remercier, mademoiselle ! murmurai-je en me soulevant sur mon oreiller.

— Souvenez-vous de Périoles et mettez tout cela sur le compte de mon père.

Elle se tut. La lampe nous éclairait assez pour que je visse une main appuyée sur le chevet de ma couchette. Il y avait dans un coin de la salle un prêtre qui administrait le viatique à un moribond. Tandis que la jeune fille regardait la cérémonie en récitant à voix basse une courte prière, je passai à son doigt l'anneau d'argent de mon aïeule qui était au mien. En se retirant du chevet, la main effleura mon visage, et le rêve se dissipa.

Dans la matinée, Wellington fit son entrée à Toulouse. M. D'Arbou-Castillon s'était rendu à cheval à Launaguet, quartier-général de l'armée britannique, pour communiquer au duc les espérances des royalistes. Chemin faisant, il rencontra MM. de Poulignoz et de Norroi, porteurs d'un écrit du duc d'Angoulême, tracé sur du taffetas et ainsi conçu :

« Je désire qu'au départ de l'armée française, « Toulouse imite l'exemple de Bordeaux et se « déclare pour le roi. *Signé* : Louis-Antoine. »

Présenté à lord Wellington par le major Mac-Mahon, M. d'Arbou fit valoir la circonstance du taffetas, et pressa le général anglais de s'expliquer.

— Je vous ferai la même réponse qu'au marquis de Larochejacquelein, dit le duc : le congrès de Châtillon traite avec l'empereur Napoléon. Si la couronne lui est maintenue, que deviendrez-vous ?

— Nous saurons mourir; mais on prétend que les Russes, depuis le 30 mars, ont occupé Paris. Le sénat même aurait proclamé la déchéance de Bonaparte.

— Les communications sont cependant interrompues, observa M. Mac-Mahon.

— Cette nouvelle est venue par Bordeaux et par Alby.

— Je l'ignore, monsieur, dit froidement Wellington.

Les troupes anglaises défilèrent par le faubourg Saint-Cyprien et sortirent par le faubourg Saint-Michel au milieu des émotions diverses que souleva la réponse de Wellington. Il entra vers midi par la Porte-Neuve, descendit de cheval au Capitole, où il fut reçu par MM. Lanneluc, de Limayrac et d'Hargicourt. M. Lanneluc, maire de Toulouse, parla dans sa harangue de Louis XVIII; mais le duc répondit au maire, comme à M. d'Arbou, avec la même réserve.

— La cocarde blanche est à mon chapeau, s'écria énergiquement le comte d'Hargicourt; elle n'en tombera qu'avec ma tête !

En sortant du Capitole, les royalistes allèrent se faire inscrire chez le baron de Cantalauze pour former une garde spécialement bourbonnienne. Tant d'insistance contrariait lord Wellington qui s'était retiré à la préfecture, lorsque vers cinq heures arrivèrent à Toulouse le colonel Cooke et le colonel Saint-Simon, porteurs de l'acte de déchéance de Napoléon. Le duc changea sur-le-champ de manières et de langage, il prit la cocarde blanche, il se rendit même au spectacle, où l'on joua *Richard-Cœur-de-Lion*; et tandis que six mille morts couvraient encore les champs du Calvinet, un banquet et un bal terminèrent cette soirée politique.

J'appris ces nouvelles dans la bienfaisante et mystérieuse maison où me firent transporter, sur un ordre inconnu, les sœurs de l'hôpital. Ma réserve fut égale à la discrétion de la jeune fille de Périoles ; j'acceptai les soins que l'on m'y prodigua, sans fausse honte, mais aussi dans un parfait silence. Pendant plus de quinze jours, mes oreilles furent tristement frappées du son lointain des marches funèbres, derniers honneurs que mes compatriotes rendaient à leur officiers morts. Peu s'en fallut que la terre ne se rouvrit pour de nouvelles victimes. Les colonels Cooke et Saint-Simon, expédiés de Toulouse par Wellington pour le camp du duc de Dalmatie, atteignirent le maréchal le 13 à Naurouze, sur la route de Villefranche. Le duc de Dalmatie convoqua les généraux de son armée. Tous furent d'avis que la maréchal ne pouvait que proposer une armistice en attendant que la déchéance fut acceptée par Napoléon.

— Dites à lord Wellington, répondit Soult, que l'honneur militaire me défend d'ajouter foi à ces nouvelles de paix qui me viennent de la part du chef de l'armée que je combats. La dépêche verbale du colonel Saint-Simon n'est pas une mission suffisamment officielle pour que je lui cède sur la question d'obéissance à l'empereur Napoléon. Mais une suspension d'armes, dans un intérêt d'humanité, me paraît digne autant de lord Wellington que de la cause dont je suis toujours le défenseur. Au reste, mon intention est de livrer dix batailles comme celle

Toulouse, et, à ce terme, en supposant que la proportion de nos pertes soit la même, nous courons risque, lord Wellington et moi, de n'être plus que des généraux sans armées.

Wellington refusa l'armistice. Son avant-garde fut même dirigée sur la route de Naurouze. C'est seulement le 17, après avoir reçu des ordres formels du gouvernement provisoire, que le maréchal Soult envoya le général Gazan à Toulouse, et une convention fut alors conclue sur les bases de celle de Paris. Il y avait dans cette nouvelle un baume souverain pour ma blessure. Aussi ma convalescence, à partir du 27 avril, marcha-t-elle rapidement. Il fut stipulé, par le traité de paix, que tous les officiers anglais évacueraient Toulouse avant le 19 juin. Trop faible néanmoins à cette époque pour me tenir debout, je fus porté hors des murs de la ville, sur les bords de la Garonne, et placé dans une sorte de bateau plat auquel un grand drap soutenu par des perches servait de toiture. Cette embarcation devait, en quatre jours, me conduire à Bordeaux par le fleuve. Au moment où l'on démarrait le bateau, parmi les militaires qui m'avaient porté sur un brancard, je reconnus le maréchal-des-logis.

— Ah! camarade, m'écriai-je en lui serrant la main, que puis-je faire pour vous?

— Donnez-moi le restant de votre tabac, me dit-il.

Cette séparation était pénible, surtout parce que la jeune fille de Périoles y manquait. Elle n'avait pas reparu depuis notre entrevue de l'hôpital ; on avait lieu de croire que sa timidité lui défendait une démarche qui n'était plus indispensable, puisque la paix rouvrait à son père le chemin de la patrie. Mais je ne me sentis pas moins sur le cœur une dette de reconnaissance, et, en supposant que le captif fût encore à Norman Cross, il n'y avait plus que la remise du message de sa fille qui pût m'acquitter.

Cependant la voile s'enfle, l'*Imprenable* se balance avec majesté sur ses ancres. Il est temps de quitter Bordeaux, Périoles, et vous, cher vicomte. C'est un spectacle plein de charme et de mélancolie que cette belle Gironde couverte de vaisseaux et où glissent, pour ainsi dire, les accents de la trompette et du hautbois, annonçant notre prochain retour sur les rives natales. Suspendus aux vergues, nos matelots crient : Hourra pour l'Angleterre ! Voici un convoi de prisonniers français qui remonte le fleuve, ils viennent de Lynn et de Norman-Cross. Peut-être la grosse épitre que je porte toujours sur ma poitrine sera-t-elle désormais inutile ; peut-être le captif de Wittlesea-Mère est-il sur le pont de ce navire ? Un homme, en effet, agitant son mouchoir, répond au hourra de nos matelots par cet autre salut : « Toulouse ! la France ? »

IX

FIN DU RÈGNE DE TALLEYRAND.

La soumission du duc de Dalmatie aux ordres du gouvernement provisoire étant obtenue, reprit le vieux diplomate, il ne restait plus pour que l'œuvre de l'étranger fût complète, qu'à voir introniser aux Tuileries le frère de Louis XVI, le prétendant, le *comte de Lille*.

Un jour que le comte de Lille s'était couché à Hartwel, dans le Buckinghamshire, en Angleterre, sur le bruit faussement répandu que Napoléon avait traité à Châtillon avec les puissances coalisées, M. de Blacas entra de grand matin dans sa chambre, à la lueur d'une petite lampe de nuit, le réveilla malgré l'étiquette et lui dit :

— Sire, Votre Majesté est attendue dans son palais des Tuileries.

Cette nouvelle ne surprit pas Louis XVIII. Il y avait toujours eu dans le chef des Bourbons un esprit de suite, une certaine habileté pour saisir les circonstances et préparer la fortune. Le prétendant allait s'embarquer pour Bordeaux quand lui vint cette nouvelle, plus décisive que l'accueil fait à son neveu par la troisième cité du royaume.

Effectivement, dès son entrée à Bordeaux, le duc d'Angoulême ayant chargé le baron de Labarthe de porter des dépêches à Hartwel, le corps municipal de cette ville arrêta qu'un habitant, M. de Tauzia, lui serait adjoint. Les deux envoyés, par les soins du commandant de la croisière anglaise, s'embarquèrent à la baie du Passage, et, le 22 mars, le télégraphe de Falmouth signala leur apparition sur les côtes britaniques.

Le prétendant et sa nièce assistaient à la messe dans la chappelle d'Hartwel, lorsque la duchesse aperçut de son banc une voiture dont le postillon et les chevaux étaient parés de cocardes blanches. Le duc de Grammont et M. de Blacas sortirent de l'église précipitamment, et à l'issue de la messe on présentait au roi futur les premiers députés de l'opinion royaliste.

Louis XVIII était assis dans le salon; il avait à ses côtés la duchesse, mesdames de Damas et de Choisy, le duc de Lorges, le duc d'Havré, M. de Rivière. Il se fit d'abord un silence assez expressif. M. de Tauzia remit au prince une lettre de M. Lynch, le maire de Bordeaux.

— Je suis si ému, dit le roi en la prenant, qu'il m'est impossible de parler.

On comprend à ces préliminaires ce que fut, quinze jours plus tard, la sensation produite par l'annonce positive d'une couronne. Louis XVIII fit son entrée à Londres le 20 avril avec une grande solennité. Peu de caractères sympathisaient mieux que ceux du prétendant et du régent d'Angleterre. Cette sympathie perça dans l'expression maladroitement affectueuse de la gratitude du proscrit envers le souverain de la Grande-Bretagne.

—... C'est aux conseils de votre altesse royale, dit Louis XVIII en répondant à la harangue du régent, à ce glorieux pays et à la confiance de ses habitants que j'attribuerai toujours, après la divine Providence, le rétablissement de notre maison sur le trône de ses ancêtres, et cet heureux état des choses qui promet de fermer les plaies, de calmer les passions et de rendre la paix, le bonheur, le repos, à tous les peuples.

Pas un mot de l'Europe, d'Alexandre, du sénat, de Paris! le régent détacha son ordre de la Jarretière et le ceignit au genou du prince, qui, à son tour, lui conféra le Saint-Esprit. Lors même que le *Royal-Sovereing*, porteur de l'héritier de saint Louis, mit à la voile de Douvres, escorté par le *Jason*, où était le duc de Clarence, et par huit vaisseaux de ligne, on vit le régent se tenir sur la jetée et suivre des yeux cette flotte, autant que possible, jusqu'en vue de la rade de Calais.

Au débarquement, on reconnut Louis XVIII à cette circonstance singulière qu'il fut le seul, au milieu de ce cortége étranger, qui ôta son chapeau et salua la terre de France. Le régent avait noué la Jarretière au genou du prince; une ample rosette brillait au-dessus de sa guêtre de velours cramoisi. En descendant de voiture, au retour de l'église, l'épée du roi s'engagea dans cette rosette. Fauche-Borel, qui plus tard se suicida par misère après avoir mangé sa fortune pour la cause des Bourbons, se précipita vers le marchepied et dégagea l'épée des ambages du ruban. M. de Blacas fronça le sourcil : l'étiquette semblait violée.

— Laissez faire, dit le roi : c'est encore Fauche qui me rend un service.

La renommée de cet accident, portée par le télégraphe, fit une certaine impression sur les trois abbés du gouvernement provisoire, qui avaient le droit d'être superstitieux.

Le roi arriva le 29 à Compiègne, où les maréchaux le complimentèrent par l'organe de Berthier, qui fut convenable.

— Je suis heureux de me trouver au milieu de vous, messieurs, répondit le prétendant; heureux et *fier*.

L'intention de ce dernier mot était de bon goût : elle réussit. A la vue du duc de Trévise, Louis ajouta :

— Maréchal, quand nous n'étions pas amis, vous avez eu pour la reine des égards que je n'ai point oubliés.

On se mit à table. Appuyé sur le bras de deux chambellans, Louis XVIII se leva, prit un verre et s'écria :

— Messieurs, je vous envoie du Vermouth. Buvons à l'armée française. Ce sera boire à l'honneur de la France.

Louis XIV et Napoléon auraient bu tout bonnement du Médoc ou peut-être du vieux Pomard. Le prétendant buvait du Vermouth. C'était une gaucherie à côté d'un mouvement simple et noble.

Cependant on se remuait à Paris. Je vous ai dit, mon enfant, que M. Pozzo di Borgo avait porté à Londres l'expression des sentiments libéraux de l'empereur de Russie. Le comte d'Artois et les royalistes avaient député vers le prétendant M. de Bruges, pour la défense des principes contraires. Louis XVIII était donc flanqué de deux négociateurs, lorsque le 30 avril, après l'ivresse de la réception, on s'occupa enfin de l'établissement politique.

Le corps législatif s'était seul rendu à Compiègne. Son président, M. Bruys de Charly, fit lecture au prétendant d'une adresse où il n'était pas question de la constitution du 6 avril. Quant au sénat, il refusait de paraître au-devant du prince qui ne l'avait pas officiellement acceptée. M. de Talleyrand eut d'abord l'habileté de choisir, pour lui arracher des concessions, l'homme qui parlait d'en faire avec le plus de regret, M. de Montesquiou. Mais cela ne pouvait suffire. Les sénateurs, inquiets pour leur constitution, demandaient des secours à tout le monde, même au comte d'Artois. Fouché lui écrivit fort sagement dans une lettre dont les exemplaires sont devenus bien rares :

« ... Le ciel et la terre retentissent d'acclamations ; mais, monseigneur, en jouissant du présent, il faut s'assurer l'avenir. »

On adressait de tous côtés les plus vifs reproches à la faiblesse de M. de Talleyrand. Il faut néanmoins lui rendre cette justice que, jusqu'au dernier moment, Charles-Maurice persista dans l'idée d'une constitution émanée des deux chambres. Plusieurs projets étaient sur le tapis. Une contrepartie fut offerte par les sénateurs libéraux, mais officieusement, sans caractère politique. Elle proposait implicitement l'approbation des principes révolutionnaires qui formaient l'existence des deux chambres et les droits si chèrement acquis depuis vingt-cinq ans par la nation. Il y avait même cette phrase tout à fait positive :

« ... Pénétré de la nécessité de conserver autour de nous ce sénat aux lumières duquel nous reconnaissons devoir en partie notre retour dans notre royaume, etc. »

Louis raya la phrase de sa propre main. D'ailleurs l'acte entier fut repoussé comme attentatoire aux droits de la couronne.

— Si j'acceptais, monsieur, dit le prétendant à Charles-Maurice, vous seriez assis et moi debout.

—La constitution du 6 avril n'est pas absolument mauvaise, répétait toujours gravement M. de Montesquiou, mais je demande qu'elle soit précédée, comme sous les parlements, d'un *édit du roi*.

Cependant la parole donnée au sénat par le comte d'Artois, en qualité de lieutenant général, liait un peu les mains au roi sur la nécessité d'une transaction. Le gouvernement provisoire crut le moment venu de frapper le grand coup, et l'empereur de Russie lui-même parut à Compiègne.

Ce fut le premier mai, à quatre heures de l'après-midi, qu'il arriva de Paris au château pour continuer la tentative récemment faite à Londres par M. Pozzo di Borgo et contreminée par l'envoyé royaliste. Le roi de Prusse accompagnait le czar, mais Frédéric-Guillaume fut moins un interlocuteur gênant qu'un officieux témoin dans cette mémorable entrevue. Louis XVIII reçut les deux monarques en bourbon, c'est-à-dire en héritier d'une race qui remontait beaucoup plus haut dans la nuit des temps que les héritiers des Romanow et d'une petite famille de la Franconie. Il était assis sur un fauteuil très-élevé, tandis qu'Alexandre et le roi de Prusse furent obligés de prendre deux chaises. Cette distinction dans le choix des siéges jeta sur-le-champ de la froideur dans l'entretien politique.

— J'ai promis pour votre majesté une constitution libre, dit Alexandre, et je crois qu'elle est nécessaire à son règne. Il faut à la France deux chambres, la presse libre. C'est ce que je me propose de faire pour la Pologne. Les lumières de votre majesté me répondent que ma promesse sera remplie.

—Votre majesté, répondit le prétendant avec assez de justesse, reconnaîtra que l'analogie n'est pas complète. La Pologne est une conquête de la Russie : le conquérant ne saurait trop faire pour qu'on y oublie l'origine de son droit. Mais, en France, le droit appelé divin par l'esprit religieux de l'ancienne monarchie, ce droit n'est qu'une conséquence naturelle de la loi du pays. En vertu de cette loi, qui a donné naguère à la monarchie huit cents ans d'existence, la royauté se perpétue dans une famille comme un dépôt sacré, et cette famille, sire, c'est la mienne, c'est la maison de Bourbon. Si mon droit au trône n'était pas tout entier dans cette loi, quel serait mon titre pour y prétendre? Que suis-je hors de ce droit? un vieillard infirme, un malheureux proscrit, réduit à mendier loin de sa patrie un asile et du pain. Tel j'étais encore il y a peu de jours. Mais ce vieillard, ce proscrit, était le roi de France. Ce seul titre a suffi pour que la nation, éclairée sur ses véritables intérêts, le rappelât au trône de ses pères. Je reviens à sa voix, mais je reviens roi de France.

— Le droit n'est pas contesté, assurément, reprit Alexandre un peu ému; c'est même l'antiquité de ce droit qui, en constituant votre royauté, sire, fait aussi naître les embarras de la situation. Depuis que ce droit s'est constitué, les siècles en ont formé, sinon de plus divins, au demeurant de plus modernes. A ne parler que des vingt-cinq dernières années, il y a eu des législations en vigueur, des idées en circulation, des gouvernements de fait, en un mot, qu'on ne peut pas rayer de l'histoire, et qui, à tort ou à raison, constituent chaque jour de nouveaux droits. Comment ne pas reconnaître ces droits, puisqu'ils existent? Il y a eu, pardonnez-moi de vous le dire, une Assemblée constituante, un Directoire, un Consulat; il y a eu Napoléon. C'est donc une transaction que je propose à votre majesté, une transaction qui rattache l'antique monarchie à la société actuelle, qui reconnaisse vos droits anciens tout en consacrant les nouveaux droits. Dans ce but, le sénat s'est prévalu de l'héritage de vos ancêtres pour vous offrir la couronne, et il vous reste, sire, à vous prévaloir de la civilisation pour offrir au sénat la sanction des libertés récemment acquises par la France.

— Un moment! dit Louis XVIII avec un sourire, le sénat me choisit, mais il ne me reconnaît pas; c'est une préférence, mais ce n'est pas une soumission. Nous ne pouvons plus nous entendre. Mon droit ne relève que de moi seul. Je suis aujourd'hui parce que j'étais naguère : passez-moi cette expression métaphysique. Cela est tellement vrai, sire, qu'en me préférant pour la royauté, le sénat avoue implicitement qu'elle m'appartient déjà.

— Au moins votre majesté n'oubliera-t-elle pas que c'est aux sénateurs qu'elle est redevable de la déchéance de Bonaparte et du rappel de la maison de Bourbon.

— C'est encore une erreur, sire. Je ne dois rien au sénat; dans quelques jours, il me devra tout.

Pour qu'une transaction fût possible, il faudrait que le roi de France et le sénat existassent en vertu de droits égaux. Or, le sénat ne tire son origine et ses pouvoirs que de l'anarchie; le sénat n'a donc rien à me demander. Si j'accorde à mon peuple des libertés en harmonie avec le progrès des temps, ce sera par l'exercice de ma volonté, mais ce ne peut être l'objet d'un contrat.

— Votre majesté enfin se souviendra que je suis moi-même engagé vis-à-vis de la nation française, et que le comte d'Artois, en recevant le sénat, le 14 avril, a reconnu que ce corps politique avait eu part à la rentrée de la maison de Bourbon.

— Je suis étonné, répondit le prétendant avec une dignité royale, d'avoir à défendre mes principes contre votre majesté. Je ne flétrirai point par une lâcheté le nom que je porte et le peu de jours que j'ai encore à vivre. Je sais que je dois à vos armes triomphantes la délivrance de mon peuple; mais si cet important service devait mettre à votre discrétion l'honneur de ma couronne, j'en appellerais à la France ou je retournerais en exil.

L'entretien, mon ami, se prolongea sur ce ton. Je vous l'ai reproduit aussi bien que le permettent les documents contemporains pour le fond et pour la forme. C'était là une doctrine essentiellement fausse au point de vue de la souveraineté nationale, mais elle ne manquait pas d'une certaine dignité dans la bouche du prétendant vis à vis des étrangers. Cette idée fixe inspirait alors toutes ses actions. Quand Louis XVIII accordait aux monarques triomphants l'honneur de dîner à sa table, il passait sans façon le premier devant ces princes dont les soldats campaient dans la cour du Louvre.

Après l'entrevue, l'empereur d'Autriche étant arrivé au château dans la soirée, il y eut grand dîner officiel. On ne parla ni du sénat ni de la constitution. Ce fut pourtant à ce dîner que Bernadotte osa dire à Louis XVIII :

— Les Français ont toujours le mot de liberté à la bouche, mais rien de plus facile que de les plier au pouvoir absolu. Faites-vous craindre, sire, et ils vous aimeront. Ayez une main de fer dans un gant de velours.

Une main de fer dans un gant de velours! Le prétendant ne retint par malheur que trop bien ce conseil. Alexandre partit pour Paris fort mécontent. Les opposants, c'est-à-dire le duc d'Otrante et le *côté gauche* du sénat, tonnèrent justement contre les préjugés de Louis XVIII. L'activité de la police de Fouché dans l'affaire Maubreuil, intrigue fameuse que je vous conterai plus tard, avait pour le moment placé cet homme d'état assez haut dans l'estime russe.

— Aussi, pourquoi arrivez-vous si tard? lui dit Alexandre; vous nous auriez été fort utile.

— Tout chemin jadis conduisait à Rome, répondit le duc d'Otrante, qui n'était de retour en France de l'Illyrie que depuis l'installation du gouvernement provisoire; mais il n'y en avait plus qu'un aujourd'hui pour conduire à Paris, et M. de Talleyrand l'occupait à lui seul.

— Je n'ai pas de sympathie pour les Bourbons. Ils ont passé en Russie. Ces gens-là ne comprennent pas.

L'effet réalisa bientôt ces paroles. Le prétendant, appelé par le mouvement de l'opinion royaliste dans les murs de la capitale, pour contrecarrer mieux les projets libéraux d'Alexandre, avait transporté de Compiègne à Saint-Ouen, dès le 2 mai au matin, le théâtre de la discussion politique. Il sentait, en rusé disciple de Voltaire, qu'une fois rendu à Saint-Ouen, et comme à la barrière de Clichy, *l'héritier du trône* rencontrerait plus de politesse dans les corps de l'État, que les résistances diminueraient proportionnellement au charme de son voisinage, et que les sénateurs opposants seraient alors forcément trop civils pour ne pas complimenter en personne, au château, ce proscrit avec lequel on négociait par correspondance télégraphique, à vingt lieues des Tuileries, sur un ton parfaitement révolutionnaire. Mais Alexandre prévit le coup. Louis XVIII, à son entrée dans Saint-Ouen, trouva un courrier porteur de dépêches où le czar insistait pour la transaction débattue le 29 à Compiègne. Évidemment le souverain russe avait encore sur le cœur la choquante inégalité des deux chaises et du fauteuil.

A quoi tiennent les constitutions! s'écriait dans les salons de Paris M. Beugnot; si les monarques avaient causé debout, le sénat obtenait l'équilibre des trois pouvoirs de l'État. Mais on a voulu s'asseoir : Voilà tout par terre.

Cependant, le voisinage de Paris exerça aussi quelque influence sur l'esprit du prince. Il était parti de Compiègne, Bourbon inflexible, il arriva dans le château mystérieux de Saint-Ouen tout à fait diplomate. L'idée d'une constitution était même descendue, depuis vingt-quatre heures, dans cette intelligence hautaine peut-être, mais assurément d'élite. Henri IV avait dit : « Paris vaut bien une messe. » Louis XVIII, qui le parodiait sans cesse avec plus de respect que de goût, replia la dépêche du czar, et s'adressant à M. Blacas.

— Il faut délibérer, *Paris vaut bien une charte.* Ce fut au milieu de la première explosion de ce bon mot que le sénat, suivant l'adroit calcul du monarque, parut enfin à Saint-Ouen. Le voyage ne s'était pas effectué sans peine. Fouché, après le départ du courrier, criait partout encore avec feu :

— Je défie l'Europe de restaurer sans garanties.

Alexandre était au supplice. Il allait comme une âme en peine de l'Elysée à l'Infantado, de l'Infantado aux Tuileries, des Tuileries chez le roi de Prusse, de la rue de Lille chez la princesse de Vaudémont, et de l'amie de Talleyrand à l'auteur de *Corine*. On lit dans le *Congrès de Vérone* :

« ... L'empereur de Russie avait dans ces jours de crise quelque chose de triste. On le voyait se promener dans Paris, à cheval ou à pied, sans suite et sans affectation. Il avait l'air étonné de son triomphe. Ses regards presque attendris se promenaient sur une population qu'il semblait considérer comme supérieure à lui. On eût dit qu'il se trouvait un barbare au milieu de nous, ainsi qu'un Romain se sentait honteux dans Athènes. »

A un compliment de madame de Staël, qui cherchait à le distraire des soucis de Compiègne en lui rappelant qu'il régnait sur un peuple content de vivre sous un roi absolu, il répondait avec mélancolie :

— Je ne suis qu'un accident heureux.

On devine l'embarras de M. de Talleyrand. Mais, comme il n'était pas sans littérature, Charles-Maurice se rappela fort à propos une scène de *l'Avare* de Molière, où maître Jacques réconcilie si plaisamment un père et un fils en leur supposant tour à tour un esprit de concession qu'ils n'ont jamais eu. Le chef du gouvernement provisoire, à la vue du sénat récalcitrant et d'Alexandre contrarié, prit à part les royalistes et leur dit :

— Alexandre et le sénat ne demandent pas mieux que de vous rendre les armes. Ce qu'ils en font n'est que pour sauver l'honneur du couvent. Obligez-moi seulement de tirer du roi une promesse de charte quelconque, sa majesté entrera demain dans Paris comme dans un moulin.

Talleyrand prit ensuite à part Alexandre et le sénat, et leur dit :

— Les royalistes, en vérité, feront ce qu'on voudra. Il faudrait aussi un peu se mettre à leur place. Comment ne tiendraient-ils pas officiellement jusqu'à demain à des idées qu'ils défendent depuis vingt-cinq ans ! N'est-ce donc plus au moyen de la sauce que l'on fait manger le poisson? Vous, sire, expédiez une seconde dépêche en réservant la question de la charte entière, et nous messieurs, allons rendre hommage au prétendant, comme si jamais cette charte ne devait exister.

A ces mots, nouvel emprunt à Molière, autre souvenir du rôle de Maître Jacques ; effectivement, Charles-Maurice, en qualité de président du sénat, harangua Louis XVIII dans Saint-Ouen à midi par un discours où furent généralement remarquées ces paroles pleines d'ambiguïté :

« ... Le sénat *désire* que la France soit libre pour que le roi soit puissant. »

Louis XVIII ne se prit pas du tout à cette sensibilité; mais le second courrier arrivait à l'instant même de Paris : Alexandre montrait plus d'énergie. Les royalistes comptaient sur l'entrée du *roi de Navarre* pour le lendemain 3 mai. On ne pouvait désormais ni reculer ni avancer. La réponse du prétendant fut un chef-d'œuvre de laconisme et d'insignifiance diplomatique :

— Je suis très-sensible à l'expression des *vœux* du sénat.

Aussitôt Louis XVIII ouvrit le conseil. On y reprit la délibération de Compiègne, mais sous le point de vue libéral. Charles-Maurice, rentrant dans son emploi de gouvernement, mit sur la table, assure-t-on, le projet pur et simple de la déclaration appelée, depuis cette époque, *de Saint-Ouen*. C'était un passe-droit à la contrepartie offerte d'abord par le sénat à Compiègne; mais qu'y faire? Chacun avait hâte d'en finir. Louis changea quelques mots à ce texte fameux qui repartit incontinent pour Paris, d'où il vint dans l'après-midi, porté par un troisième courrier d'Alexandre, avec une apostille qui signifiait à peu près : « Maintenant on peut entrer. »

Convenez-en, mon ami : la déclaration de

Saint-Ouen était rédigée avec une habileté funeste qui se révélait non-seulement par ce qu'elle renfermait, mais encore et surtout par ce qu'elle ne renfermait pas. Tout le monde céda à la fin, sénateurs, gouvernement provisoire, futurs ministres particulièrement. L'esprit du prétendant et la souplesse de M. de Talleyrand prévalurent sur les plus grandes comme sur les plus petites passions. En promettant des libertés aussi larges, des garanties aussi désirables que les garanties et que les libertée promises dans la constitution sénatoriale, cet acte préjugeait cependant des questions politiques. La déclaration allait au-devant de toutes les consciences en reconnaissant que la constitution sénatoriale était imparfaite et qu'elle se ressentait de la rapidité d'une délibération ouverte sous le feu des Russes. Elle ne disait point que la charte attendue émanerait uniquement de la puissance royale : au contraire, le roi s'engageait à mettre sous les yeux du sénat et du corps législatif le travail qu'il devait rédiger avec une commission choisie dans le sein de ces deux corps. C'était un moyen d'ajourner les difficultés.

Quoique M. de Talleyrand passât pour le collaborateur de cet acte célèbre, il ne s'aveuglait pas sur les suites qu'aurait nécessairement dans l'avenir l'élasticité de la rédaction. Et puis, la lutte sans exemple soutenue depuis le 29 avril jusqu'au 2 mai, au nom de principes que le gouvernement nouveau devait heurter chaque jour davantage, lutte qu'il n'avait d'ailleurs terminée qu'en se trahissant lui-même, jeta dans l'esprit supérieur du prince de Bénévent le premier germe de cette raillerie qui ne fut interrompue dans son développement agressif que par un divorce éclatant avec les erreurs de la restauration. N'ayant plus rien à faire à Saint-Ouen, Charles-Maurice revint à Paris faire un mot.

— Eh bien! lui demanda M. de Montrond, que dit enfin le prétendant?

— Ce qu'il dit? murmura le chef du gouvernement provisoire d'un ton ironique : il dit qu'il est temps que j'abdique en faveur des Bourbons. C'est un bon exemple que je leur donnerai bientôt.

La déclaration de Saint-Ouen, publiée le 2 mai au soir, avait tout à fait ouvert à Louis XVIII les portes de Paris, entrebaillées seulement par l'empereur de Russie. Le 3 au matin, vers les onze heures, par un temps superbe, on aperçut enfin le cortége. Le roi parut dans une calèche découverte attelée de huit chevaux blancs; il avait son chapeau sur la tête. La coiffure anglaise de la duchesse d'Angoulême, qui tenait une ombrelle à la main, et les ailes de pigeon du prince de Condé, firent sourire les curieux. Mais de quoi ne rit-on pas en France! Le comte d'Artois et le duc de Berry étaient à cheval aux portières. Louis XVIII avait un habit bleu et des épaulettes de général. Alexandre se cacha derrière les rideaux d'une fenêtre et regarda sans être vu.

Sur le point de quitter Saint-Ouen, le maître provisoire des cérémonies éprouva quelque gêne pour fixer la place de la vieille garde. Rien de plus naturel : la vieille garde n'existait pas en 89.

— Elle marchera derrière ma voiture, dit le roi.

Il y avait toute une révolution dans cette phrase. Le conseil municipal, en arrivant à la barrière, essaya vainement de faire crier par ces soldats de Napoléon : « *Vive le roi.* » Les compagnies de la garde restèrent muettes, marchant avec assurance, mais dans une attitude silencieuse et morne, comme pour protester contre la solennité où la discipline les forçait de paraître. On assure que leur conduite avait été la veille débattue et réglée dans une réunion secrète de quelques généraux de l'empire.

Il fut impossible de ne pas remarquer la harangue de M. de Fontanes. Cet orateur ambidextre avait dit à Napoléon, le 25 décembre 1812 :

—... L'Université se félicite de porter au pied du trône impérial les hommages et les vœux d'une génération entière qu'elle instruit dans ses écoles à vous servir et à vous aimer.

Le 3 mai 1814, on put l'entendre dire à Louis XVIII :

—.... L'Université vous parle, sire, au nom des enfants qui vont croître pour vous servir et pour vous aimer.

Il n'y avait de changé que le complimenté.

L'imprévu ne manqua pas à cette journée, qui ne pouvait guère être plus mémorable. En franchissant l'escalier des Tuileries, la duchesses d'Angoulême s'évanouit. Parmi les personnes qui s'empressèrent alors de porter secours à la princesse, était un vieillard, M. Dubois, ancien accordeur des instruments de la chambre de la reine Marie-Antoinette. La duchesse le reconnut.

— Où est mon piano? lui demanda-t-elle.

Dans cette phrase, il y avait toute une restauration. Quant à Louis XVIII, sa première nuit aux Tuileries fut une nuit de bonheur. Vous savez, mon ami, combien il s'appuyait élégamment de l'antiquité dans la conversation. Jamais au sein même de l'exil on ne l'entendit consommer tant de latin. A l'entrée de la salle du trône, il dit à Charles-Maurice un peu ironiquement:

— *Teucro duce et auspice Teucro!*

A M. de Rivière, en lui montrant les aigles cachés sous des faisceaux de drapeaux blancs:

— *Justum et tenacem propositi virum...*

Ce fut probablement pour obéir à ces préoccupations classiques d'un autre temps, que la Monnaie frappa une médaille où Louis XVIII et la duchesse d'Angoulême sont représentés dans un costume romain et franchissant la porte

Saint-Denis sur un char de triomphe. Quand la postérité verra cette médaille, mon enfant, elle se fera naturellement la question suivante : « Le vieux diplomate était-il Gascon, et s'habillait-on vraiment en 1814 suivant la mode de Marc-Aurèle? » Voilà pourtant comme se fait l'histoire.

La réaction bonapartiste se crut en droit de répondre à cette médaille dès le premier jour par des caricatures qui se vendaient sous le manteau. L'une représentait Louis XVIII revenant en France, à cheval derrière un cosaque; dans l'autre on voyait le château des Tuileries, d'où un aiglon et deux aigles s'envolaient par la croisée, tandis qu'une oie grasse y entrait par la porte.

L'irritation des soldats de Napoléon ne s'en tint pas d'ailleurs au morne et silencieux aspect de la vieille garde. Le 8 mai, après une revue passée au Carrousel par le roi, des grognards tombèrent à bras raccourcis sur des Prussiens et des Russes qui dansaient avec des grisettes dans le jardin d'un cabaret de barrière. Il y eut de part et d'autre des blessés, même des tués. Vers la même époque, on joua *Hamlet* au Théâtre français; ce vers de circonstance :

> L'Angleterre en forfaits fut souvent trop féconde !

excita de véritables transports. C'est que les jeunes gens du parterre qui, durant le règne de Bonaparte, montraient le plus de violence envers son gouvernement, oubliaient déjà que Louis XVIII les délivrait de la conscription. Ces jeunes gens haïssaient les Bourbons à cause de leurs dispositions pacifiques, et les coalisés parce qu'ils étaient vainqueurs. Enfin il y en avait qui, réellement entraînés par des inclinations militaires, ne cachaient pas leur dépit d'être obligés de travailler dans la vie civile au lieu de mener désormais l'existence des camps. Quant aux vétérans de la grande armée, rien ne compensait pour eux la perte du juste avancement auquel ils auraient eu droit. Les employés d'administration que l'on congédiait par suite de la diminution du territoire, grossissaient encore la foule des mécontents.

C'est au milieu de ces sourdes résistances morales de la population de Paris qu'il fallut néanmoins faire une charte. La cour nouvelle augmentait, par ses imprudences, les embarras politiques de Louis XVIII.

— Il faut conserver l'armée, monseigneur, disait l'excellent général Letort, des dragons de la garde ; nous sommes de braves gens.

— La paix est faite, répondait le comte d'Artois, nous n'avons pas besoin de braves.

Malgré tout son esprit, le roi avait des absences de goût; comme on avait dit sous l'empire *votre majesté* à Napoléon, il pensa maladroitement que cette qualification était profanée ; il eut la faiblesse de permettre qu'on ne lui parlât dans l'intimité qu'à la troisième personne. *Le roi me faisait l'honneur de m'appeler, de me répondre, etc.*, fut la phrase hostile, la réplique officielle dont les courtisans flattèrent la restauration à ses premières heures. Ces détails transpiraient dans le public, et l'ironie générale préparait de rudes critiques aux développements si impatiemment attendus de la déclaration de Saint-Ouen.

Le 22 mai, à l'hôtel de la chancellerie, place Vendôme, se réunirent solennellement les collaborateurs de cette œuvre qui servit de thême à quinze ans de comédie. Louis XVIII, dans sa déclaration de Saint-Ouen, s'était engagé à convoquer le sénat et le corps législatif pour mettre sous leurs yeux le travail fait avec une commission choisie dans le sein de ces deux chambres. C'était une opération difficile que le choix des commissaires. Le roi ne pouvait oublier que le parti républicain d'alors avait été l'agent le plus actif du renversement de la dernière dynastie. Fallait-il l'exclure ? mais l'esprit de la restauration se serait dévoilé. Fallait-il l'appeler? mais il était à craindre que ce parti n'imposât des conditions trop dures et ne fît entrer dans la charte des garanties qu'on en voulait repousser. On s'arrêta donc à un choix mitoyen, à ces hommes de modération qui se plient involontairement au pouvoir tout en conservant une allure de liberté.

Les commissaires nommés furent, pour le sénat : Barbé-Marbois, Barthélemy, Boissy-d'Anglas, Fontanes, Garnier, Pastoret, Semonville, Serrurier, Vimar; pour le corps législatif: Bois-Savary, Blanquart de Bailleul, Chabaud-Latour, Clausel de Coussergues, Duchesne, Duhamel, Faget de Baur, Félix Faulcon et Lainé.

Inutile de vous faire observer, mon ami, que ces commissaires étant à la nomination du roi, la nation, à vrai dire, ne se trouvait pas représentée dans le salon de la place Vendôme. Pour compléter l'illusion, on leur adjoignit quatre personnes chargées de soutenir les droits de la couronne et la rédaction de Louis XVIII. Ce furent MM. Beugnot, Montesquiou, d'Ambray et Ferrand.

Vous serez surpris de ne pas rencontrer M. de Talleyrand dans cette réunion. Sa véritable place était au congrès de Vienne pour le règlement définitif de la paix générale. D'ailleurs, en qualité de ministre des affaires étrangères, il entrait dans le nouveau cabinet formé par Louis XVIII, et ce porte-feuille absorbait les derniers rayons d'un soleil que le roi voulait à toute force éclipser: car il n'aimait pas M. de Talleyrand. Si l'oubli des services rendus, instinctif chez la branche aînée, comme chez tous les princes en général, ne lui conseillait point d'abréger immédiatement le règne de cet homme utile, parce qu'il en avait encore besoin, toutefois dissimulait-il avec peine son antipathie. Le roi n'avait aucune confiance dans son caractère (c'est ordinairement à n'en pas inspirer que s'exposent les hommes trop utiles), et sa conduite dans la révolution était comme un fantôme toujours debout entre les deux personnages. Ensuite les manières décisives et officielles de M. de Talleyrand, ces formes qui imposaient une opinion plutôt qu'elles ne donnaient un conseil, déplaisaient au roi qui surtout voulait avoir l'air de faire quelque chose par lui-même. Rien de plus simple qu'on ait écarté Charles-Maurice des débats de la charte.

M. d'Ambray, parlementaire émigré, et M. Beugnot, le tirailleur du gouvernement provisoire, y devaient jouer, l'un son rôle d'avocat du droit divin, l'autre son emploi d'homme d'esprit. M. de Montesquiou représentait *la probité qui concède*. Quant à M. Ferrand, c'était tout un nouvel ordre d'idées. Permettez-moi, mon enfant, de chercher au personnage, d'ailleurs fort honorable de M. Ferrand, un terme de comparaison dans l'histoire littéraire.

La Rochefoucault a dit : « La gravité est un

mystère du corps inventé afin de couvrir les défauts de l'esprit. » Pour justifier La Rochefoucault, certains littérateurs lancent de temps en temps sur le chemin de la gloire des livres de cette force d'invention :

« *Suite de considérations générales sur le pié-*
« *destal de la statue d'Isis.* Est-il vraisemblable
« (entre parenthèses) qu'un crapaud pût y vi-
« vre sans manger? Et d'abord, dans le temple
« de la déesse, y avait-il des crapauds? (Tel
« est l'argument.) »

Ou bien :

« *Des origines de l'Instruction publique chez*
« *les Talapoins,* dissertation où l'auteur s'est de-
« mandé comment l'alphabet pénétra dans le
« royaume de Pégu. Par un membre de beau-
« coup d'Académies. »

Ainsi du reste. *L'Esprit de l'Histoire,* par M. Ferrand, appartient à cette classification intéressante. N'admirez-vous pas le bonheur de M. Ferrand ? il ne fit qu'un livre, dont on ne vendit peut-être qu'un exemplaire, qui ne trouva peut-être qu'un seul lecteur, et ce lecteur unique fut précisément Louis XVIII. *L'esprit de l'Histoire, livre grave,* comme aurait écrit La Rochefoucault, c'est-à-dire pesant, fut le titre de M. Ferrand à prendre une part dans l'œuvre de la charte.

— Quelle mystification! s'écriaient les sénateurs désappointés.

— Mais non, mais non, répondait M. de Talleyrand; ce livre a du style, et le roi se connaît en littérature. Vous voyez, messieurs, que vous avez affaire à un prince spirituel et instruit. Préparez-vous à défendre votre ouvrage. Tout s'arrangera.

— Nous nous reverrons bientôt au parlement, disait au contraire M. Beugnot avec légèreté, car on ne fait encore ici que du provisoire.

Voilà sous quels auspices s'ouvrit la discussion. Elle ne dura que cinq jours, du 22 au

27 mai. Alexandre était pressé de se rendre en Angleterre, il avait promis au régent de lui faire une visite, et il voulait être prochainement de retour au congrès de Vienne. Mais le czar aussi ne voulait pas quitter Paris que l'œuvre de la constitution promise, bien ou mal bâtie, ne fût au moins sur pied. C'était l'époque de la précipitation en toutes choses; on a payé cher, plus tard, cette rapidité d'exécution. Encore, de ces cinq jours de travail, trois furent-ils pris pour fixer seulement à qui reviendrait l'initiative des lois. Ce ne fut pas une discussion libre, fondée sur des droits égaux, soutenue avec une indépendance entière et constatée par un scrutin où tous les votes gardaient la même valeur. M. de d'Ambray, qui était ministre de la justice, et M. de Montesquiou la placèrent sur un terrain encore plus étroit qu'à Saint-Ouen et Compiègne. Mais Louis XVIII se trouvait enfin dans Paris! On avait tiré le vin: restait à le boire. Tous les articles fondamentaux, comme la loi élec-

torale, par exemple, furent de prime abord mis hors de question. On n'était plus écouté que pour les accessoires règlementaires. A chaque mot, à chaque objection des sénateurs et des députés, M. de Montesquiou parlait du droit divin, M. d'Ambray, des principes monarchiques, M. Beugnot, des constitutions de l'empire, et M. Ferrand, comme de juste, de *l'Esprit de l'Histoire*. Il fallut se taire, et la Charte passa.

Ce ne fut pas sans d'ineffaçables empreintes. Nous ne citerons, si vous le permettez, que la plus singulière. Le 30 avril, le pape Pie VII avait écrit de Cézène à Louis XVIII :

« ... L'évêque de Troyes (M. de Boulogne), connu par sa piété, est chargé expressément par nous de faire connaître à votre majesté les blessures que, dans la constitution du 6 avril, le sénat porte à l'Église et à la religion. Sire, les royaumes de la terre sont passagers (*transitoria*); le seul royaume des cieux ne finit pas. Nous vous prions d'ouvrir les yeux avant de signer une constitution pareille. »

En conséquence naturelle de cette prière du pontife, on avait ainsi rédigé les articles 5 et 6 de la charte:

« La religion catholique, apostolique et romaine est la religion de l'État.

« Néanmoins, chacun professe sa religion avec une égale liberté et obtient pour son culte une égale protection. »

Mais le hasard voulut que l'assemblé de rédaction de la charte renfermât suffisamment de protestants pour que le privilége de la religion catholique parût excessif. Après un débat fort animé, où MM. Boissy-d'Anglas et Chabaud-Latour, huguenots, parlèrent avec éloquence, Luther et Calvin furent vainqeurs. On intervertit les articles 5 et 6. L'égalité des cultes devint le principe, et la préséance du catholicisme resta l'exception; M. Beugnot, qui tenait la plume, écrivit donc :

« Chacun professe sa religion avec une égale liberté et obtient pour son culte une égale protection.

« Néanmoins... »

Ici, le malin secrétaire, homme logique, étonné qu'on mît exceptionnellement quelque chose d'aussi grave que ces trois mots : *religion de l'État,* fit la proposition de recommander le changement dans les numéros d'ordre à l'attention toute particulière de Louis XVIII. Vous saurez bientôt quelle portée avait ce spirituel avis.

Cet épisode fut d'abord caché à M. de Talleyrand, qui du reste ne connaissait le projet de charte que par les indiscrétions de M. Beugnot. Son règne vermoulu craquait de toutes parts. Le duc d'Otrante se vengeait en parodiant contre lui-même un mot fameux qu'il avait dit sur Napoléon.

— Rien n'en veut plus !

Effectivement, l'ancien chef du gouvernement provisoire en était réduit à épurer de régicides la liste des sénateurs auxquels Louis XVIII faisait remettre des lettres closes pour la séance du 4 juin, où il devait lire, toujours par l'organe de M. Ferrand, à une réunion purement arbitraire de membres des deux corps politiques, la charte définitivement rédigée.

On fit coincider cette fête politique avec le départ des troupes russes. Le 2 juin, elles se réunirent à neuf heures du matin au Champ-de-Mars, d'où elles se rendirent par les boulevards à Pantin. Là, l'empereur Alexandre les passa en revue à la tête de tout son état-major et leur fit ses adieux. Puis, il revint à Paris pour s'occuper de son propre départ, et se rendit incognito à Saint-Leu, où était la reine Hortense.

Les funérailles de Joséphine avaient eu lieu le matin même dans l'église de Ruel. Allait-il à Saint-Leu uniquement pour consoler la fille de l'impératrice, ou cette visite suprême à la femme chérie de Bonaparte fut-elle plutôt comme un hommage délicat et indirect qu'il payait encore, dans les derniers moments de son séjour, à la mémoire du héros tombé? Mon ami, entre deux hypothèses également nobles, je choisirai celle qui touche de plus près à la politique.

On reporte d'ailleurs à la même époque une aventure dont le caractère trahit les penchants mal combattus d'Alexandre.

Les habitants de la Finlande étaient profondément irrités de la cession de leur territoire à la Russie; au retour de la campagne de France, le czar leur fit une visite, mais il fut reçu avec une extrême froideur. Un jour qu'il traversait, avec quelques officiers de service, un lac dans l'intérieur du pays, il s'aperçut qu'un des rameurs de la barque portait une décoration suspendue à la boutonnière de son habit.

— Où as-tu gagné cela? lui demanda sur-le-champ Alexandre.

Le paysan garda le silence. Mais le patron

des rameurs, qui était fier sans doute de compter un pareil homme dans son équipage, osa prendre la parole et répondit à l'empereur :

— Mon camarade est un vieux soldat de Napoléon, il a gagné cette croix à Wagram, et, depuis ce temps-là, on ne le nomme plus ici par respect que le Roi de la Finlande.

— Prenez cette rame, dit Alexandre à son aide-de-camp le prince Wolkonsky, et reconduisez vous-même à terre le Roi de la Finlande.

Ces hommages indirects expliquent à quel point lui devait coûter la lecture officielle aux chambres d'une constitution rédigée un peu en dehors et au mépris des promesses qu'il avait faites au sénat pour les Bourbons. On ne pouvait marquer ses sentiments d'une façon plus claire qu'en s'éloignant de Paris la veille même de la séance royale ; c'est précisément ce que fit l'empereur. Dans une dernière entrevue chez madame de Staël avec le général Lafayette, il prit à part dans un coin du salon le vieux républicain.

— Les Bourbons sont donc corrigés ? lui dit Lafayette.

— Corrigés ? non ; n'en espérez rien.

— Si c'est votre opinion, sire, pourquoi les avez-vous ramenés ?

— Il n'y a pas de ma faute, reprit le czar avec vivacité ; on m'en a fait arriver de tous les coins de l'Europe. Je voulais du moins que la constitution émanât du pays, mais vos princes ont gagné sur moi comme une inondation.

— Votre majesté pouvait s'en rapporter aux corps politiques.

— Les corps politiques ! Je suis allé à Compiègne au devant du roi, je voulais qu'il renonçât à ses *dix-neuf ans de règne*, à la *Navarre*, à la *grâce de Dieu* et autres prétentions. Le sénat n'y a point paru, j'en conviens, mais la chambre législative y était aussitôt que moi pour reconnaître Louis XVIII de tout temps et sans conditions. Que me restait-il à dire quand les représentants et le roi se trouvaient d'accord ? C'est une affaire manquée ; je pars bien triste.

L'empereur d'Autriche emportait également quelque tristesse de son séjour à Paris, mais elle n'était pas du même genre. Il partit avant la séance royale, il vint prendre congé du comte d'Artois, qui était alors vivement préoccupé de l'octroi prochain de la charte.

— Je n'en augure pas mieux que vous, dit François, et je suis heureux que ma position particulière m'ait obligé de me tenir à l'écart. Puissent mes alliées n'avoir pas à se repentir de leur ouvrage ! Vous et moi savons trop ce qu'il faut attendre des révolutions. Elles nous ont traités de manière à ce qu'on ne puisse pas nous contraindre à les aimer.

Cependant approchait la fin du règne de M. de Talleyrand. Encore quelques heures, et cet homme qui depuis deux mois conduisait les Bourbons, la France, et l'Europe comme par la main vers des destinées inconnues à lui-même, cet homme remettait à Louis XVIII les clés du monde pour en recevoir celles de chambellan peut-être. La crise d'une abdication prochaine, semblable à cette pesanteur de l'air qui précède un orage, allourdissait son corps et embrouillait sa pensée. Il s'était jeté sur un lit de repos ; il entendait sans les comprendre les sacramentelles expressions du whist murmurer à son oreille de toutes les tables dressées dans sa chambre. A la lueur des bougies, M. Beugnot seul travaillait sans relâche. Le sort politique d'un peuple était buriné par sa plume légère sur une feuille de papier grand-poulet.

Vers le matin, cette plume s'arrête tout d'un coup. Un mot fatal se dresse aux yeux du ministre provisoire comme un hiéroglyphe de malheur. M. Beugnot suspend son travail ; il se lève, il se promène, ferme une croisée, en ouvre trois autres, boit de l'eau sucrée, prend les distractions les plus suivies : c'est en vain.

La plume du ministre se refuse à tracer quelque chose d'énorme. Sans doute, au moins le rétablissement de l'ancien régime? Au lieu d'écrire la charte, M. Beugnot écrit enfin à M. de Talleyrand ce petit billet :

« .... Sur le point de terminer mon travail, il m'est impossible de ne pas vous communiquer une addition très-grave exigée ce soir par le roi ou plutôt par la famille royale. Je vous préviens que sa majesté dira dans la charte que la religion catholique est la *religion de l'État.* »

Courtiade réveilla le prince pour lui remettre le billet de M. Beugnot. Après l'avoir lu, cet homme si généralement maître de lui se leva en sursaut et ne put s'empêcher de s'écrier avec la fureur d'un temps qui n'était plus :

— Ah! la religion de l'État! C'est pour avoir une religion de l'État qu'on a rappelé les Bourbons!

Tout le monde accourut avec inquiétude. Il était si rare que M. de Talleyrand prît de l'humeur! Charles Maurice promenait un regard de plomb sur la foule de ses amis.

— Pour le coup, dit-il, c'est trop fort. J'abdique. Mon cher Montrond, tournez-vous vers les Tuileries et adorez le soleil levant.

— Du tout! répondit froidement M. de Montrond, c'est aux Tuileries de m'adorer. Si votre règne est fini, le mien commence.

Le règne de M. de Montrond, dans ma pensée, n'est qu'un symbole. Assurément le brillant compère de M. de Talleyrand entendait par cette phrase la royauté du bon sens, qui fut inaugurée vers la même époque par les hommes d'esprit à côté de celle de Louis XVIII, et dont le ministère de M. de Martignac représente la formule politique. Tout en la personnifiant dans M. de Montrond, peut-être l'écrirons-nous ensemble, mon ami, quelque jour. Ce serait un excellent commentaire à votre histoire du règne de Louis XVIII. Mais, pour le moment, j'ai de pénibles choses à vous dire ; il faut même, avant de vous peindre ces tristes épisodes, que je laisse reposer votre plume et ma mémoire.

FIN DE L'ÉTRANGER EN FRANCE.

TABLE.

Chap. 1er. L'entrée 1
— II. La comédie 27
— III. La première nuit 53
— IV. Le drame 85
— V. Fin de la première nuit 147
— VI. L'intrigue 171
— VII. Règne de Talleyrand 227
— VIII. Simple lettre 299
— IX. Fin du règne de Talleyrand 351

www.ingramcontent.com/pod-product-compliance
Lightning Source LLC
Chambersburg PA
CBHW051833230426
43671CB00008B/940